Vom Jein zum Ja!

Stefanie Stahl

Vom Jein

Bindungsangst verstehen und lösen

zum Ja!

Hilfe für Betroffene und ihre Partner

Ellert & Richter Verlag

Inhalt

Inhalt

Für Holger

Neues seit „Jein!"

Freiheit heißt nicht, sich vom anderen zu entfernen, sondern sich so zu steuern, dass in der Beziehung Raum für zwei Menschen ist.
David Schnarch

Als ich im Jahr 2008 das Buch „Jein! Bindungsängste erkennen und bewältigen" schrieb, kam ich mir vor wie eine Pionierin in Sachen Bindungsangst. Weder in der psychologischen Fachliteratur noch in der Ratgeberliteratur konnte ich viel zu diesem Thema auftreiben. Also verband ich die wissenschaftlichen Grundlagen mit meinen eigenen Reflexionen und praktischen Erfahrungen, die ich sowohl als Psychotherapeutin wie auch als Privatperson gesammelt hatte. Offensichtlich habe ich mit meinem Ansatz bei vielen Menschen den Nerv getroffen, wie der große Erfolg von „Jein!" zeigte.

Jetzt, Jahre später, habe ich ein noch viel tieferes Verständnis für die psychologischen Mechanismen, die einen Menschen bindungsängstlich oder auch bindungsunfähig werden lassen. Zudem habe ich durch die Erfahrung, die ich mit vielen Klienten und Klientinnen in der Psychotherapie und in meinen Seminaren sammeln durfte, ein konkretes Übungsprogramm entwickelt, wie man sich von seiner Beziehungsangst befreien kann.

In meine Praxis kommen täglich Menschen, die erkannt haben: Ich kann mich nicht oder nur schlecht binden. Oder: Ich klammere und komme von meinem Partner nicht los, obwohl ich in dieser Beziehung todunglücklich bin. Oft sind sie verzweifelt und fest davon überzeugt, dass sie niemals eine glückliche Partnerschaft führen werden. Ich kann sie jedoch schon im ersten Gespräch beruhigen: Das stimmt nicht! Eigentlich ist es gar nicht mal so schwer, sich zu einem beziehungsfähigen Menschen zu entwickeln – egal, ob man eher zu der anklammernden oder der bindungsängstlichen Sorte gehört. Die Voraussetzung für Veränderung ist jedoch, dass ich mich selbst auf einer tiefen Ebene verstehe. Also erkenne, warum das Problem überhaupt besteht. Denn erst dann kann ich konkrete Maßnahmen ergreifen, um es zu verändern. Oder flapsig ausgedrückt: Ich muss wissen, wo genau die Schrauben locker sitzen, um sie festdrehen zu können.

Viele Menschen, die dieses Buch zur Hand nehmen, sind sich vermutlich noch gar nicht sicher, ob sie nun bindungsängstlich sind oder zu viel klammern. Oder ob ihre Bindungsfähigkeit ganz „normal" ausgeprägt ist, aber sie leider den falschen Partner haben. Deswegen beschreibe ich im ersten Kapitel, wie sich Bindungsängste auf eine Partnerschaft auswirken oder wie sie eine Partnerschaft verhindern können. Sie können dann schauen, ob Sie sich selbst und/oder Ihren Partner in den beschriebenen Verhaltensweisen, Gefühls- und Denkmustern wiederfinden. Danach werde ich im zweiten Kapitel auf die tieferen Ursachen von Bindungsängsten eingehen, damit Sie möglichst gründliche Einsichten über sich und Ihren Partner oder Ihre Partnerin erhalten, die die Voraussetzung für Veränderung sind. Und dann schreiten wir vom „Jein!" zum „Ja!" oder auch – je nach Ausgangslage – zu einem klaren „Nein!" (zumindest für die aktuelle Beziehung). Im dritten Kapitel werde ich also die konkreten Lösungswege für Bindungsängstliche aufzeigen. Im vierten Kapitel beschäftige ich mich mit den Partnern von Bindungsängstlichen, die häufig sehr verzweifelt sind, und gebe ihnen Hilfestellung, ihr Problem besser zu verstehen und ihre Situation zu verändern.

Wenn Sie dieses Buch gelesen haben und sich trauen, sich mit den Übungen im Kapitel „Wie kann ich meine Bindungsangst loswerden?" zu beschäftigen, könnte es also sehr gut sein, dass Sie Ihre Bindungsängstlichkeit ablegen und damit für sich den Weg frei machen für echte Liebesbeziehungen, in denen Sie sich zugleich geborgen und frei fühlen können.

Was ist Bindungsangst?

Das Phantom Bindungsangst

Die meisten Menschen wünschen sich eine erfüllte Liebesbeziehung. Sie sehnen sich nach Sicherheit, Liebe und Geborgenheit. Und irgendwie, so denkt man, kann das doch so schwer nicht sein: Man lernt jemand kennen, stellt viele Gemeinsamkeiten fest, verliebt sich ineinander und lebt dann glücklich bis ans Lebensende. Aber bei vielen klappt das nicht. Sie scheinen immer an die falschen Partner zu geraten. Die Beziehung fängt entweder nie richtig an, weil sie ihren Schwarm nicht einfangen können, oder sie beginnt leidenschaftlich, wird dann aber immer komplizierter, bis sie schließlich in die Brüche geht. Andere stecken über viele Jahre oder gar ihr Leben lang in einer Dauerbeziehung oder Ehe fest, die weitaus mehr Frust als Lust beschert. Manche spurten von Affäre zu Affäre, fühlen sich jedoch leer und ausgebrannt. Eine Minderheit hält sich ganz raus und bleibt dauerhaft Single.

Man könnte die Aufzählung unterschiedlicher Beziehungsformen und Beziehungsversuche noch lange fortsetzen. Eines haben alle beteiligten Protagonisten jedoch gemeinsam: Sie fühlen sich nicht wirklich in einer Liebesbeziehung angekommen. Sie sind noch auf der Suche nach dem richtigen Weg innerhalb ihrer Partnerschaft oder nach dem richtigen Partner, mit dem es endlich einmal klappen soll.

Bindungsangst ist etwas, was die meisten Menschen nicht haben wollen. Weder bei sich selbst noch beim Partner oder der Partnerin. Bei vielen löst dieses Wort Widerstand und Abwehr aus: Ich bin doch nicht bindungsängstlich! Mir muss nur endlich mal der oder die Richtige begegnen!

Ich bin oft überrascht, wie viel Betroffenheit und Abwehr die „Diagnose" hervorruft. Dabei ist Bindungsangst an sich doch nichts Schlimmes. Bindungsangst ist schließlich nichts anderes als ein Selbstschutz, den die Betroffenen in ihrer Kindheit (unbewusst) aufgebaut haben, um in ihrer Familie klarzukommen. Dieser Selbstschutz war für sie als Kind ganz wichtig und wird als Prägung mit in das Erwachsenenalter genommen. Hierauf werde ich in späteren Kapiteln noch eingehen. Die Bindungsangst als solche ist mithin nicht das eigentliche Problem, sondern eher die Strategien, die Betroffene unbewusst wählen, um ihre Bindungsangst zu kontrollieren und mit ihr umzugehen. Bildlich gesprochen, können sie ganz schön um sich schlagen, wenn ihnen der Partner zu nah kommt, oder sie lassen ihn einfach gegen die Wand laufen, was für den anderen auch sehr schmerzhaft sein kann. Es ist das Ziel dieses Buches, Betroffenen dabei zu helfen, diese Strategien aufzulösen und sie durch einen gesunden Selbstschutz zu ersetzen, mit dem sie eine Liebesbeziehung genießen können. Aber dafür müssen die Betroffenen zunächst einmal erkennen, dass sie solche sind. Denn viele Betroffene und ihre Partner oder Möchtegern-Partner erkennen die eigentliche Ursache für ihren Beziehungsfrust nicht. Nicht wenige sind schon relativ alt, bevor sie feststellen, dass sie bindungsängstlich sind. Viele bemerken es nie. Manche sind sogar ein Leben lang mit einem Partner verheiratet, ohne zu entdecken, dass die wenig befriedigende Ehe bindungsängstliche Strukturen aufweist. Bindungsängste sind für die Betroffenen und ihre Partner nicht leicht zu durchschauen. Die Partner sind zumeist sehr verwirrt von dem widersprüchlichen Verhalten ihrer Zielperson. Und auch die Betroffenen selbst können sich ihre konfusen Gefühle und Gedanken in Bezug auf ihren Partner nicht erklären.

Sehr häufig erhalte ich E-Mails, in denen mir sowohl Bindungsängstliche als auch ihre Partner oder Partnerinnen danken, weil sie endlich eine Erklärung für das „Hin und Her" und „Kreuz und Quer" in ihrer Beziehung gefunden haben. Es sind die krassen Wechsel zwischen Nähe und Distanz, die bindungsängstliche Beziehungen für die Beteiligten so anstrengend machen. Und diese hängen mit dem notorischen Jein! zusammen, in dem die Betroffenen sich gefangen fühlen. Es ist die Ambivalenz zwischen Nähe-Wunsch und Nähe-Angst, die die Bindungsängstlichen nicht zu einer klaren Entscheidung für oder gegen die Beziehung finden lässt. Oder sie haben sich scheinbar entschieden, wie die oben erwähnten Verheirateten, halten sich aber innerhalb der Ehe oder der Dauerbeziehung den Partner mehr oder minder chronisch auf Distanz. Also auch hinter einer scheinbar klaren Entscheidung für eine Beziehung kann sich ein Jein! verbergen.

Woran erkenne ich, ob ich bindungsängstlich bin?

Viele Bindungsängstliche verspüren eine starke Sehnsucht nach Liebe und Beziehung. Andere verspüren keinen so starken Bindungswunsch, sondern eher ein ausgeprägtes Freiheitsbedürfnis. Vor allem die Ersteren beschäftigt deswegen häufig die Frage, ob es an ihnen liegt, dass sie sich immer wieder in schwierige Beziehungen verrennen, oder eher daran, dass der Partner beziehungsweise die Partnerin doch nicht die oder der Richtige ist? Die Freiheitsbezogenen kauen hingegen häufig an der Frage, ob Liebe und Beziehung überhaupt so erstrebenswert und wichtig sind, dass man dafür so viele persönliche Kompromisse eingehen sollte. In beiden Fällen neigen Bindungsängstliche dazu, nach einer mehr oder minder kurzen Anfangsphase an der Beziehung, also an ihrem Partner oder ihrer Partnerin, zu (ver-)zweifeln. Sie sehen die realen oder auch vermeintlichen Schwächen ihres Partners und reiben sich an der Frage auf, ob nicht doch ein anderer Partner besser passen würde. Diese Zweifel werden gefüttert durch den Umstand, dass vielen Bindungsängstlichen immer wieder das liebende Gefühl für ihren Partner abhanden kommt. Nicht wenige können eigentlich nur in der Anfangsphase der Beziehung Liebe empfinden, oder wenn sie sich in jemanden verlieben, der ihnen keine Beziehungssicherheit vermittelt.

Häufig ist es auch so, dass die Liebesgefühle des Bindungsängstlichen mit der jeweiligen Nähe und Distanz in der Beziehung schwanken. Wenn der Bindungsängstliche also genügend Abstand zu seinem Partner verspürt, weil beispielsweise gerade mal wieder Schluss ist oder weil man sich länger nicht gesehen hat, dann können seine Gefühle recht intensiv werden. Ist die Beziehung hingegen in einer Phase der Nähe und Sicherheit, also eigentlich gerade am schönsten, dann erleben viele Bindungsängstliche den plötzlichen Gefühlstod. Warum das so ist, werde ich später noch erklären. Hier soll erst einmal nur die „symptomatische" Ebene beschrieben werden. Das Jein!, das die Bindungsängstlichen verspüren, ist also sowohl gedanklicher (Zweifel) als auch emotionaler (Gefühlsschwund) Natur. Sind die Gedanken und die Gefühle jedoch zwiespältig, dann werden es die Handlungen zwangsläufig auch. Der Zickzackkurs von Nähe und Distanz, den die Bindungsängstlichen hinlegen, spiegelt also schlicht die innere Zerrissenheit der Betroffenen auf der Handlungsebene. Ein Hauptmerkmal bindungsängstlichen Erlebens ist eine starke Amplitude zwischen Nähe- und Distanzwünschen und eine nagende Unentschlossenheit, wenn sie darüber nachdenken, ob sie eine Beziehung fortführen oder überhaupt anfangen möchten. Ein Beispiel einer bindungsängstlichen Beziehung:

Julius (38 Jahre) hat schon einige Beziehungen hinter sich. Er erklärt öfter, er sei verliebt in die Liebe. Er mag die Aufregung und das Abenteuer, wenn sich noch alles so frisch anfühlt. Sobald eine Beziehung jedoch in ein sicheres Fahrwasser kommt, wird es ihm schnell langweilig. Seine bislang größte Liebe war Swetlana (34 Jahre). Swetlana war kompliziert und schwierig: Zuckerbrot und Peitsche. Sie konnte leidenschaftlich und hingebungsvoll sein, aber auch zickig und fordernd. Die Beziehung mit ihr war eine einzige Achterbahnfahrt von gegenseitigen Verletzungen und leidenschaftlichem Sex. Ein ruhiges Gefühl der Sicherheit hat sich für Julius bei Swetlana nie eingestellt. Schließlich hat sie ihn auch wegen ihres Tanzlehrers verlassen. Julius war damals total verzweifelt. Und auch noch heute, drei Jahre später, fühlt er sich nicht ganz gelöst von ihr. Er vergleicht sie auch immer wieder mit seiner aktuellen Freundin Manu. Sie ist das Gegenteil von Swetlana: ausgeglichen und lieb. Julius weiß, dass Manu ihm viel besser tut als Swetlana, aber seine Gefühle für Manu sind im Vergleich zu jenen für Swetlana lauwarm. Ihre Anhänglichkeit törnt ihn eher ab. Deswegen überlegt er auch, die Beziehung mit Manu zu beenden.

Julius ist ein typisches Beispiel für einen bindungsängstlichen Beziehungsstil: Die größte Leidenschaft empfindet er, wenn die Beziehung eher unsicher ist. Gerät der Bindungsängstliche hingegen an einen Menschen, der sich auf ihn einlässt und mit dem eine verbindliche Beziehung möglich wäre, dann wird es ihm entweder zu eng oder zu langweilig. Deshalb sucht Julius regelrecht, wenn auch unbewusst, nach Partnerinnen, die sich eher abweisend oder wankelmütig verhalten. Was ihm dabei überhaupt nicht bewusst ist: Seinem „Beuteschema" liegt ein Selbstwertproblem zugrunde: Julius sucht Bestätigung in der Eroberung. Swetlana hat er nie richtig an die Angel bekommen, und genau deshalb konnte er nicht von ihr lassen. Dass sie ihn schließlich sogar wegen eines anderen verließ, hat seinen Selbstwert maximal angekratzt. Deswegen kommt er auch nicht richtig über sie hinweg. Manu hingegen hat er sicher – sie „hängt fest an der Angel". Er kann sich ihrer Zuneigung sicher sein. Doch genau deswegen langweilt ihn die Beziehung mit Manu schon wieder. Er braucht eine neue Eroberung, um seinen Selbstwert erneut zu bestätigen. „Ich liebe die, die ich nicht kriegen kann" ist das Motto vieler Betroffener.

In diesem Beispiel hat allerdings nicht nur Julius Schwierigkeiten damit, sich zu binden, auch Swetlana leidet unter Bindungsangst. Sobald sie sich wohlig und geborgen mit ihrem Partner fühlt, fängt sie Streit an. Sie traut dem Frieden nämlich nicht – das wäre ja zu schön, um wahr zu sein! Auch Swetlana leidet unter einem geringen Selbstwertgefühl und dies führt bei ihr zu erheblichen Verlustängsten. Sobald sich ein Gefühl der Sicherheit in der Beziehung einstellt, kommt Angst in ihr auf, ihren Partner zu verlieren. Um diesem Gefühl zu entkommen, wird sie aggressiv. Hierdurch behält sie die Kontrolle über das Geschehen. Falls ihr Partner sie wegen der Streitereien verlassen sollte, ist ihr das immer noch lieber, als wenn sie sich vertrauensvoll hingäbe und er verließe sie dann. Diese ganzen inneren Vorgänge sind Swetlana selbst jedoch nicht komplett bewusst – sie weiß lediglich, dass sie häufig übertreibt. Warum sie jedoch immer wieder so ausflippt, kann sie sich nicht erklären.

Es gibt aber auch bindungsscheue Naturen, deren emotionale Temperatur konstant niedrig bleibt, die sich also nicht in Dramen von großer Liebe und Leidenschaft wie Julius und Swetlana verfangen. Diese „Gattung" der Bindungsängstlichen bezeichne ich gerne als die „Maurer": Der Maurer oder die Maurerin halten, außer in der verliebten Anfangsphase, mehr oder minder konstant einen gewissen Abstand zum Partner ein. Sie sind nicht selten in Ehen oder Dauerbeziehungen anzutreffen, die sie ertragen, indem sie sowohl emotional als auch real häufig abwesend sind.

Björn (45 Jahre) ist mit seiner Freundin Claudia (40 Jahre) schon seit 15 Jahren zusammen. Heiraten findet er spießig – er braucht für eine Beziehung keinen Schein, sagt er seiner Freundin immer wieder.

Claudia fände eine Hochzeit zwar sehr romantisch, aber was soll sie machen, wenn Björn nicht will? Björn ist selbstständiger Tischler und Zimmermann. Die Geschäfte laufen sehr gut. Er arbeitet viel, auch am Wochenende. Nach Feierabend trinkt er gern sein Bier und ist häufig leicht betrunken, wenn er schlafen geht. Auf Sex hat er selten Lust, er ist zu müde, zu abgespannt. Claudia fühlt sich einsam in der Beziehung mit Björn. Wenn sie ihn darauf anspricht, gelobt er, seine Arbeit zu reduzieren und sich mehr Zeit für sie zu nehmen, aber dem folgen keine Taten. Claudia kommt weder nah an ihn heran, noch kommt sie von ihm weg.

Björn schützt sich vor seiner Bindungsangst, indem er häufig abwesend ist. Durch die Arbeit, das Trinken und die sexuelle Lustlosigkeit installiert er eine fast undurchdringliche Mauer zwischen sich und Claudia. Björn hat schnell das Gefühl, sich in einer Beziehung „selbst zu verlieren", wenn es zu nah wird. Am sichersten fühlt er sich deswegen, wenn er einen gewissen Abstand zu seiner Partnerin hält. Björn kann sich schlecht abgrenzen. Er ist in Liebesangelegenheiten wenig konfliktfähig. Deswegen muss er sich umso rigider äußerlich abgrenzen. Und dies führt dazu, dass er der Alleinherrscher über Nähe und Distanz in der Beziehung ist. Claudia hat keine Chance, näher an ihn heranzukommen. Er verspricht ihr zwar mehr Nähe per Lippenbekenntnis, aber letztlich löst er dieses Versprechen nicht ein. Claudia kann sich die Zähne an ihm ausbeißen – Björn kommt ihr nur näher, wenn *er* das will. Björn, der wie alle Bindungsängstlichen ein Selbstwertproblem hat, fühlt sich mit Claudia nicht wirklich auf Augenhöhe und ist ständig besorgt, dass er in eine unterlegene Position kommen könnte. Er will die Oberhand behalten und stemmt sich trotzig gegen Claudias Erwartungen.

Aber auch Claudia leidet unter einem geringen Selbstwertgefühl. Björn schürt dieses Problem noch, weil er sie so häufig zurückweist und ihr so selten das Gefühl vermittelt, dass sie wichtig für ihn ist. Im tiefsten Inneren glaubt sie nämlich, es läge an ihr. Wäre sie hübscher und interessanter, dann würde Björn bestimmt mehr von ihr wollen, so denkt sie fälschlicherweise. Und dies ist der Grund, warum sie schlecht von ihm loskommt, sie will unbedingt von Björn Selbstbestätigung erfahren. Auch wenn Claudia ein völlig anderer Typ als Julius im vorigen Beispiel ist, haben beide ein ähnliches Problem: Sie beißen sich an Partnern fest, von denen sie wenig Wertschätzung erhalten und die sich nicht wirklich für die Beziehung mit ihnen entscheiden.

Passive und aktive Bindungsangst

Steven Carter und Julia Sokol unterscheiden in ihrem Buch „Nah und doch so fern" zwischen aktiven und passiven Bindungsängsten. Der Bindungsängstliche im aktiven Modus ist der Partner, der aktiv aus der Beziehung flüchtet oder diese boykottiert. Der passive Partner ist jener, der mit dem aktiv Bindungsängstlichen eine Beziehung führt oder eingehen will. Ob der Bindungsängstliche sich im aktiven oder passiven Modus befindet, kann zwischen verschiedenen Partnerschaften und auch innerhalb einer Partnerschaft wechseln. Wie bereits erklärt, machen viele Betroffene die Erfahrung, dass sie immer dann besonders verliebt sind, wenn sich ihr Partner nicht wirklich auf die Beziehung einlässt. Deswegen kann es passieren, dass der passive Partner in den aktiven Modus wechselt, sobald sich seine Zielperson ernsthaft auf die Beziehung mit ihm einlassen will. So ist es bei Julius und Swetlana und Julius und Manu. War Julius bei der temperamentvollen Swetlana in der passiven Position, weil sie durch den Streit immer wieder für Distanz sorgte, geriet er bei der bindungswilligen Manu in die aktive Rolle und flüchtete.

Nicht selten ist es so, dass sich zwei Bindungsängstliche ineinander verlieben, bei denen einer im aktiven Modus agiert und der andere im passiven. Dann sieht es nach außen zwar so aus, als würde der eine Partner sich durchaus binden wollen – aber in Wirklichkeit leidet er selbst unter Bindungsängsten. Und sein Wunsch nach Bindung würde schnell erlöschen, wenn der Partner oder die Partnerin wirklich darauf einginge.

Es gibt aber auch Menschen, die eigentlich bindungsfähig sind und die ebenfalls in den Sog einer bindungsängstlichen Beziehung geraten und nicht davon loskommen. Ob man nun selbst Bindungsängste hat oder eigentlich grundsätzlich bindungsfähig ist und gerade schlicht wirklich „an den falschen Partner" geraten ist, kann man meines Erachtens daran erkennen, wie lange man an einer unglücklichen Beziehung festhält. Wer beispielsweise mehrere Jahre in einer unglücklichen Beziehung verharrt oder wiederholt Beziehungen führt, in denen er den Partner dann am meisten liebt, wenn dieser sich nicht wirklich einlässt, hat höchstwahrscheinlich selbst Bindungsschwierigkeiten.

An dieser Stelle möchte ich jedoch betonen, dass die Balance zwischen Nähe und Distanz auch für bindungsfähige Menschen eine echte Herausforderung ist. Ein gelungenes Verhältnis von Nähe und Distanz spielt auch in intakten Beziehungen eine wichtige Rolle. Auch ein bindungsfähiger Mensch kann sich entlieben, wenn der Partner zu viel an ihm klammert. Und es kann auch in intakten Partnerschaften den Gang der Leidenschaft befeuern, wenn man eifersüchtig wird. Der Tanz zwischen Nähe und Distanz spielt vor allem für die erotische Anziehung eine wichtige Rolle. Es ist ja eine bekannte Tatsache, dass eine hohe Beziehungssicherheit nicht unbedingt scharf macht. Andererseits kann gerade die Vertrautheit einer sicheren Beziehung den Rahmen bieten, um seine sexuellen Wünsche auszuleben. Was die Nähe und Distanz betrifft, ist der Unterschied zwischen bindungsängstlichen und sicheren Partnerschaften der, dass die Amplitude von Nähe und Distanz in bindungsängstlichen Beziehungen entweder extrem hoch ist – man ist sich also extrem nah oder entfernt sich extrem weit voneinander – oder ein Partner beziehungsweise beide halten eine konstant hohe Distanz zueinander ein.

Der kleine „Diagnoseleitfaden"

In den Beispielen von Swetlana und Julius sowie Björn und Claudia klingen viele Themen an, die in bindungsängstlichen Beziehungen eine Rolle spielen. Diese fasse ich auf den folgenden Seiten noch einmal zusammen. So entsteht eine Art Schnell-Diagnoseleitfaden. Wer sich (oder seinen Partner) in den genannten Themen stark wiederfindet, hat Bindungsängste. Die eingehende Erörterung der Ursachen für Bindungsangst und ihre typischen Folgen erläutere ich im zweiten Teil des Buches (Kapitel: „Woher kommt Bindungsangst?")

Der Zickzackkurs von Nähe und Distanz: Oft, nicht immer, weisen bindungsängstliche Beziehungen krasse Wechsel von Nähe und Distanz auf. In meinem Buch „Jein!" habe ich von „Inseln der Nähe" gesprochen. Das heißt, auf Momente inniger Leidenschaft und liebevoller Nähe folgt die abrupte Distanzierung des aktiv Bindungsängstlichen. Nach solchen Momenten taucht dieser erst einmal wieder körperlich oder psychisch ab. Oder er bricht Streit vom Zaun, so wie Swetlana. Für die Partner ist dieser Zickzackkurs von Nähe und Distanz extrem verunsichernd.

Die Mauer zwischen uns: Es gibt aber auch bindungsängstliche Beziehungen, die nicht von dramatischen Nähe-Distanz-Wechseln gekennzeichnet sind, sondern wo einer oder beide Partner konstant Abstand halten. So wie bei Björn, dem „Maurer", und Claudia: Björn ist mehr oder minder konstant abwesend und sorgt über Arbeit und Alkohol dafür, dass er ewig unnahbar bleibt. Claudia macht ihm wenig Szenen – sie spricht zwar immer mal wieder ihre Bedürfnisse nach mehr Zuwendung an, aber das war's dann auch. Claudia hat Angst vor Streit und Konflikten – genau wie Björn – und deswegen ist ihre Beziehung auf diesem distanzierten Niveau in einem relativ ruhigen Fahrwasser.

Einer hat die Macht über Nähe und Distanz: Ohne dass es ihnen selbst so bewusst ist, sind viele aktiv Bindungsängstliche „radikal kompromisslos". Hierdurch sorgen sie für einseitige Machtverhältnisse. *Sie* bestimmen, wann sie dem Partner nahe sein wollen und wann nicht. Die Partner können nach mehr Zuwendung betteln und flehen, der Bindungsängstliche gibt nicht nach. Im Gegenteil: Je mehr Druck er von seinem Partner verspürt, desto mehr treibt es ihn in die Flucht. Dies hängt mit den schlechten Abgrenzungsfähigkeiten der Bindungsängstlichen zusammen: Weil sie wenig konfliktfähig sind, grenzen sie sich – wie ein in die Ecke getriebenes Tier – umso härter nach außen ab. Das zementiert die einseitigen Machtverhältnisse noch stärker.

Der andere Partner fühlt sich hilflos und ohnmächtig: Wie so oft im zwischenmenschlichen Miteinander verkehrt sich gerade durch die innere Unsicherheit des Beziehungsängstlichen die Täter-Opfer-Rolle: Der Bindungsängstliche, der Gefühle der Unterlegenheit und Ohnmacht vermeiden will, wehrt sich heftig gegen die vermeintlichen Ansprüche seines Partners, bestimmt herrisch über Nähe und Distanz und verursacht in seinem Partner mit diesem Verhalten genau jene Ohnmachtsgefühle, die er selbst nicht haben will. Die Partner von Bindungsängstlichen machen nämlich Erfahrungen heftigster Hilflosigkeit und Ohnmacht, weil sie einfach keinen Weg finden, ihrem geliebten Bindungsängstlichen näher zu kommen. Egal, was sie tun, ihre Anstrengungen laufen ins Leere oder bewirken sogar das Gegenteil vom gewünschten Effekt.

Sich festlegen? Unmöglich! Hilflos und ohnmächtig fühlen sich die passiven Partner auch oft angesichts der Tatsache, dass aktiv Bindungsängstliche einen hartnäckigen Widerwillen aufweisen, sich zeitlich festzulegen. Sie halten sich gern bis zum letzten Moment alle Optionen offen. Nicht selten werden feststehende Pläne auch im letzten Moment wieder über den Haufen geworfen. Das kann die Partner in den Wahnsinn treiben. Der Bindungsängstliche, als Alleinherrscher von Nähe und Distanz, verfügt somit auch über die einseitige Planungshoheit. Claudia, die Partnerin von Björn, kann ein Lied davon singen. Sie traut sich schon kaum noch, sich auf einen Freitagabend zu freuen – zu oft ist es schon vorgekommen, dass Björn diesen boykottiert, weil er bis spät abends bei einem Kunden festhängt.

Und plötzlich ist die Liebe weg: Viele Bindungsängstliche klagen darüber, dass sie ihre Partner nach einer mehr oder minder langen Anfangsphase nicht mehr oder nur noch sporadisch lieben. Ihnen kommt immer wieder das liebende Gefühl für ihre Partner abhanden, sobald sich ein Gefühl der Sicherheit und Verbindlichkeit in der Beziehung einstellt. Hieraus resultiert auch die quälende Frage, ob der Partner oder die Partnerin überhaupt der oder die Richtige ist.

Der Schwund an Liebesgefühlen resultiert aus den starken Druckgefühlen, die Bindungsängstliche in Bezug auf die Partnerschaft verspüren. Bindungsängstliche meinen nämlich, dass sie sich den Erwartungen ihrer Partner anpassen müssen, und das löst in ihnen Druck und ein Gefühl der Nähe-Überflutung aus. Deswegen empfinden viele von ihnen einen starken Freiheitsdrang, mit dem sie sich den vermeintlichen Ansprüchen ihrer Partner entziehen. Bei anderen steht eher die Angst vor der Ablehnung beziehungsweise Verlustangst im Vordergrund. Sobald die Beziehung enger wird, geraten sie in Panik. Diese kann sehr stark werden oder auch in Depressionen umschlagen. Oft ersticken diese extrem belastenden Reaktionen auf die unbewusste Angst alle Liebesgefühle.

Partnerwahl als Selbstbestätigung: Es gibt noch einen weiteren Grund dafür, dass bei Menschen mit Bindungsproblemen die Liebe zum Partner den plötzlichen Gefühlstod stirbt. Denn nicht wenige Bindungsängstliche versuchen ihren lädierten Selbstwert über die Partnerwahl zu stärken. Bindungsängstliche, die eher dem Jäger-Typus entsprechen, wie Julius, der Freund der impulsiven Swetlana, suchen sich beispielsweise gern Partner aus, die sie erst einmal erobern müssen. Und je schwieriger die Jagd, desto wertvoller die „Trophäe", also desto höher der Selbstwert-Gewinn. Wenn sie ihre Partner jedoch erobert haben, dann verlieren diese in der Regel schlagartig an Reiz. Solange der Partner nämlich noch nicht erobert ist, schaut der Jäger oder die Jägerin zu ihm auf. Lässt die Zielperson sich dann jedoch auf die Beziehung ein, sinkt ihr Wert in den Augen des Jägers, weil sich hierdurch das Machtverhältnis in der Beziehung verändert hat. So verliert die Zielperson an Anziehungskraft, weil sie nun auch eine gewisse Abhängigkeit vom Jäger aufweist. Anders gesagt: Sobald sich die ehemals Angebetete und Gejagte auf den Bewunderer und Jäger einlässt, fällt sie von ihrem Podest. Das törnt den Jäger ab, weil die Liebe des Partners jetzt scheinbar nicht mehr so viel wert ist. Um seinen Selbstwert zu stärken, braucht er also ein neues Objekt, das er bewundern, jagen und erobern kann.

Passivität als Schutz vor Verantwortung: Natürlich sind nicht alle Bindungsängstlichen Jäger. Es gibt sogar das krasse Gegenteil: Einige Betroffene vermeiden ganz bewusst, hinter ihrem Schwarm herzulaufen. Sie lassen sich stattdessen lieber „aufgabeln", wie es ein Klient formulierte. Ihre Angst vor Ablehnung sitzt zu tief, als dass sie sich trauen würden, jemand zu umwerben. Zudem setzt in dieser frühen Phase schon ihr Widerwille gegen Verantwortungsgefühle ein: Wenn der Partner sie unbedingt haben will und sie erobert, dann hat er später auch weniger Grundlage zur Beschwerde, schließlich hat der Bindungsängstliche sich ja nicht aufgedrängt.

Rückzug, aus Angst, sein „wahres" Gesicht zu zeigen: In der Phase der Eroberung zeigen sich vor allem die „Jäger" natürlich von ihrer besten Seite. Doch im tiefsten Inneren umwölkt sie – wie alle Beziehungsängstlichen – die Angst, nicht zu genügen. Schließlich haben sie während der Jagd eine gewisse Show abgezogen – wenn sie sich einen Beziehungsalltag vorstellen, bekommen sie jedoch sofort Angst als Schwindler aufzufliegen. Denn sie sorgen sich sehr, dass der Partner sie nicht mehr haben will, wenn er erkennt, wie sie „wirklich" sind. Ihre Reaktion auf diese Angst: sofortiger Rückzug. Lieber aktiv fliehen, als sich dieser vermeintlichen Schmach auszusetzen. Sobald es verbindlicher wird, verlieren Bindungsängstliche deshalb das Interesse an ihrer Eroberung.

Bloß keine Erwartungen! An dieser Stelle setzt auch das Problem mit dem Erwartungsdruck ein: Menschen mit Beziehungsängsten gehen davon aus, dass sie sich in einer Beziehung verstellen und dem Partner alles recht machen müssen. Sie fühlen sich mit dem Partner nicht auf Augenhöhe, sondern unterlegen. Diese Überzeugung löst einen Erwartungsdruck in ihnen aus, der sie um ihre Freiheit und Unabhängigkeit bangen lässt, sobald die Beziehung in eine Alltagsphase übergeht. Deswegen suchen sich einige von ihnen auch Partner, die eigentlich nicht ihren gewünschten Vorstellungen entsprechen, sondern die sie so mittelmäßig attraktiv finden. Bei diesen fühlen sie sich sicherer und mehr auf Augenhöhe. Aber weil der Partner dann eher aus Sicherheitsgründen denn aus Leidenschaft gewählt wurde, sind die Liebesgefühle für diesen entsprechend mau und den Bindungsängstlichen beschäftigt die Frage, ob er nicht doch noch etwas Besseres finden könnte.

Das tief gestörte Verhältnis zu Erwartungen ihres Partners und die Abneigung, Verantwortung für die Beziehung zu übernehmen, sind sehr typisch für Menschen mit Bindungsängsten. Sie fühlen sich von den Erwartungen ihrer Partner nach Zuwendung und Präsenz überfordert, und zwar weil sie – und das ist den wenigsten bewusst – innerlich nicht die Freiheit verspüren, mit gutem Gewissen Nein sagen zu dürfen. Bindungsängstliche sind davon überzeugt, dass man sich anpassen muss, wenn man geliebt werden will. Diese Überzeugung haben sie aus ihrer Kindheit mitgenommen, auch wenn dies vielen gar nicht bewusst ist. Sie fühlen sich schnell unter Druck gesetzt und kontrolliert. Sie sind sehr empfindlich, was ihre persönlichen Grenzen betrifft, und beschützen diese angriffslustig. Hiermit geht einher, dass sie das unterschwellige Gefühl haben, der Partner sei ihnen überlegen und wolle sie dominieren. Sie empfinden sich deswegen, teils auch unbewusst, als Befehlsempfänger ihrer Partner. Wenn er sie beispielsweise um einen Gefallen bittet, startet ihr Programm: Sie fühlen sich dominiert, weil es sich für sie so anfühlt, als wenn sie ihm den Gefallen tun *müssen* und nicht *dürfen*. Und gegen eine derartige „Vereinnahmung" verwehren sie sich trotzig. Wenn Claudia ihren Freund Björn beispielsweise bittet, die Geschirrspülmaschine auszuräumen, entsteht in Björn ein reflexartiger Widerstand, weil sofort das Gefühl in ihm hochkommt, Claudia wolle ihm Vorschriften machen. Anstatt jedoch zu sagen, dass er die Maschine nicht ausräumen will, oder mit Claudia über seine Empfindungen zu reden, „vergisst" er ihre Bitte einfach. Weil Bindungsängstliche sich leicht als die Befehlsempfänger ihrer Partner fühlen, übernehmen sie auch keine Beziehungsverantwortung. Sie *reagieren* auf ihren Partner aus der *Defensive*, das heißt, sie gestalten die Beziehung nicht aktiv mit, sondern verteidigen ihr Selbst gegen die Ansprüche ihrer Partner.

Nicht wenige Betroffene klagen außerdem darüber, dass, sobald ein Partner sich zu ihnen und der Beziehung klar bekennen würde, das Gefühl in ihnen aufkomme, dass sie nun für immer und ewig dazu verpflichtet seien, diesen Menschen zurück zu lieben. Wenn man sich vorstellt, man hätte die *Verpflichtung,* jemand zu lieben – dann würde auch dem bindungsfähigsten Menschen die Lust vergehen. Aber genauso fühlt es sich für Bindungsängstliche an: Aufgrund ihrer Kindheitserfahrungen assoziieren sie Bindung mit Zwang und Unfreiheit und/oder mit Verlassenheit und Einsamkeit. Diese Druckgefühle tauchen meistens auf, wenn die Beziehung in eine nächste Phase der Verbindlichkeit übergeht (siehe auch „Die typischen Phasen einer bindungsängstlichen Beziehung", Seite 39).

Sex? Am Anfang war es super. Aber jetzt läuft kaum noch was: Ein weiteres Merkmal bindungsängstlicher Beziehungen ist ein sehr ungleiches Bedürfnis der Partner nach sexuellen Aktivitäten. Der aktiv bindungsängstliche Partner zieht sich körperlich meist vollkommen zurück. Er klagt über einen eklatanten Mangel sexueller

Anziehungskraft seines Partners (nicht unbedingt bezüglich anderer Personen). Ein Klient brachte es einmal so auf den Punkt: „Heute bin ich so scharf, da könnte ich sogar mit meiner eigenen Freundin schlafen!" Der passiv Bindungsängstliche verzehrt sich hingegen nach dem Näheflüchter. Dieser Lustlosigkeit der aktiv Bindungsängstlichen liegen unterschiedliche Ursachen zugrunde, die ich im Abschnitt „Flucht in die sexuelle Lustlosigkeit" auf Seite 31 noch erörtern werde.

Die Beziehung ist mies – doch man trennt sich trotzdem nicht:
Beklagen die Bindungsängstlichen, dass sie unter dem Erwartungsdruck leiden und Fluchtimpulse verspüren, so können die Partner von Bindungsängstlichen (die ja oft selbst unter Bindungsängsten leiden), häufig nicht von ihrer bindungsgestörten Zielperson lassen. Ich bin immer wieder erstaunt, wie viele Kränkungen sie über sich ergehen lassen und immer noch daran festhalten, dass diese Frau oder dieser Mann „die letzte Cola in der Wüste" sei. Aber auch hinter der scheinbar unendlichen Liebe der gedemütigten Partner verbirgt sich im Wesentlichen ein Selbstwertproblem. In dieser Hinsicht ähneln sie also ihrem beziehungsgestörten Partner. Denn tatsächlich weinen die hingehaltenen Partner nämlich nicht um den Bindungsängstlichen, sondern um sich selbst: Was habe ich falsch gemacht? Bin ich nicht schön genug? Wird er mit einer anderen glücklicher? (sprich: Was hat sie, was ich nicht habe ...?) Bin ich ein schlechter Liebhaber? und so weiter. Der Dreh- und Angelpunkt allen Gejammers ist – und das kann ich nach vielen Jahren der Beratung mit Sicherheit sagen – der demolierte Selbstwert. Der Bindungsängstliche, der den Partner immer wieder verletzt, soll in Personalunion auch der Arzt sein, der den Selbstwert wieder heilt. Die irrige Annahme dahinter: Wenn sich der Beziehungsängstliche endlich zu seiner großen Liebe für den Partner bekennen würde, dann wäre alles wieder gut. Das glauben die verzweifelten Partner, wie beispielsweise Claudia, die Freundin vom „Maurer" Björn, wirklich. Sie sehen nicht, dass ein gesunder Selbstwert immer nur aus einem selbst heraus entstehen kann. Dass also niemals ein Partner das „Wunder" vollbringen kann, dass man sich plötzlich richtig und wertvoll auf der Welt fühlt, wenn man bisher wenig Selbstwert verspürte, sich abhängig und klein fühlte.

Das Dilemma der Bindungsängstlichen: Freisein und Dabeisein!

Bindungsängste resultieren aus einem menschlichen Grundkonflikt. Dieser wird in der psychologischen Fachsprache als der *Autonomie-Abhängigkeitskonflikt* bezeichnet, und der geht so: Wir machen schon im Mutterleib die Erfahrung, ganz eng gebunden und abhängig zu sein, und kommen mit der Erwartung auf die Welt, dass wir dazugehören. Wir kommen also mit einem angeborenen Bindungswunsch auf die Welt. Ohne zwischenmenschliche Bindungen könnten wir gar nicht überleben. Der kleine Säugling ist vollkommen abhängig von seiner Mutter. Anfangs weiß er noch nicht einmal, dass er und seine Mutter getrennte Wesen sind. Gleichzeitig weist der Säugling (und später das Baby beziehungsweise das Kind) aber ein natürliches Bedürfnis auf, seine Umgebung zu erkunden. Das Kind hat also einen angeborenen Erkundungsdrang: Es will nicht immer nur gefüttert und gehalten werden, sondern die Welt entdecken. Seine ganze Entwicklung ist darauf angelegt, dass es immer selbstständiger und unabhängiger von den Eltern wird, bis es schließlich groß ist und ohne sie leben kann.

Es ist nun ganz wichtig zu verstehen, dass der Mensch im Verlauf seiner Entwicklung eine gesunde Balance finden muss zwischen seinen Bedürfnissen nach Bindung und Abhängigkeit auf der einen und Freiheit und Autonomie auf der anderen Seite, um später beziehungsfähig zu sein. Ob er diese innere Balance findet, hängt ganz entscheidend davon ab, welche Erfahrungen er mit seinen Eltern in den ersten Lebensjahren macht. Im günstigen Fall lassen ihm die Eltern genügend Freiraum, damit er sich entfalten und wachsen kann, geben ihm aber auch ein Gefühl der Bindung und Sicherheit. Im ungünstigen Fall vermitteln die Eltern dem Kind zu wenig Sicherheit und Bindung, sodass es sich nicht genügend geliebt und gehalten fühlt, oder sie binden es zu stark an sich, sodass es nicht mit gutem Gewissen die Welt erkunden und selbstständig werden kann. Egal, ob die Eltern das Kind „zu viel" oder „zu wenig" liebten, in beiden Fällen war die Zuwendung der Eltern an gewisse Bedingungen geknüpft: War zum Beispiel die Mutter zu besitzergreifend, musste das Kind seine Wünsche nach Freiheit und Selbstständigkeit unterdrücken. War die Mutter zu distanziert, musste das Kind seine Wünsche nach Nähe und Bindung unterdrücken. In beiden Fällen mussten die Kinder sich den Erwartungen der Eltern anpassen – und zwar nicht nur hinsichtlich ihrer eigenen Nähe und Distanzwünsche, sondern auch grundsätzlich. Die Kinder waren genötigt, die Erwartungen ihrer Eltern zu erfüllen, damit Mama und Papa sich lieb verhalten, nicht enttäuscht sind oder wenigstens nicht meckern oder gar schlagen. Also lernten diese Kinder sehr früh, so zu „funktionieren", dass es möglichst wenig Stress daheim gab. Sie lernten, dass *sie* und nicht die Eltern dafür verantwortlich sind ob die Eltern lieb zu ihnen sind oder wenigstens nicht böse. Bindungsängstliche haben folglich in ihren ersten Liebesbeziehungen, also mit Mama und Papa, mit Gefühlen von Liebe und Abhängigkeit keine guten Erfahrungen gemacht. Die Elternliebe war an zu viele Bedingungen geknüpft, deswegen haben Bindungsängstliche auch so große Probleme im Umgang mit Erwartungen ihrer Partner im Erwachsenenleben. Wie bei ihren Eltern meinen sie unbewusst, sie allein hätten die Verantwortung für das Gelingen der Beziehung zu tragen. Sie durften sich als Kinder nicht in gesunder Weise gegen ihre Eltern behaupten und haben deswegen keine angemessene Selbstbehauptung erlernt. Sie kennen nur Unterwerfung oder Rebellion, Macht oder Ohnmacht, Überlegenheit oder Unterlegenheit. Ein Miteinander auf Augenhöhe, wo man sich sowohl autonom als auch partnerschaftlich gebunden fühlt, kennen sie nicht oder nur ansatzweise.

Bindungsängstliche hatten also, vereinfacht gesagt, als Kinder das Problem, dass ihre Eltern sie zu stark an sich gebunden und kontrolliert oder sie vernachlässigt haben. Natürlich gibt es da auch Überschneidungen und Mischformen – aber es hat sich als hilfreich erwiesen, ein Gespür dafür zu entwickeln, welche Erfahrung der Bindungsangst im ganz konkreten Fall zugrunde liegt, denn dies hat große Auswirkungen darauf, wie sich der Mensch in seinem späteren Leben fühlt und wie er sich in Beziehungen verhält.

Bindungsängstliche, die von ihren Eltern zu wenig Bindung und Unterstützung erfahren haben: Sie schützen sich im Wesentlichen vor der Angst, abgelehnt zu werden und ihren Partner zu verlieren. Deswegen lassen sie sich nicht wirklich auf die Liebesbeziehung ein. Sie wollen vermeiden, dass sie von der Liebe ihres Partners abhängig werden. Denn dann, so befürchten sie, würde er sie früher oder später wieder fallen lassen. Aufgrund ihrer Kindheitserfahrungen haben sie kein Vertrauen in Liebe und Bindung entwickelt. Und sie haben auch kein Selbstvertrauen erworben, sprich: So wie ich *wirklich* bin, kann man mich nicht lieben. Weil die Liebe der Eltern nicht bedingungslos war, fühlten sich diese Kinder, wenn überhaupt, nur partiell geliebt, und zwar für jene Eigenschaften, die von den Eltern erwünscht waren. Sie mussten sich also bei ihren Eltern in eine Schablone zwängen, um ein wenig Wärme zu erhalten oder wenigstens Ärger zu vermeiden. Ihre tiefe Prägung lautet: „Wenn ich will, dass du mich liebst, muss ich mich so verhalten, wie du es von mir erwartest!" Deswegen reagieren sie als Erwachsene sehr empfindlich auf Erwartungen, und ihr Vertrauen darin, dass man sie so liebt, „wie sie wirklich sind", ist tief gestört. Bindungsängstliche dieser Ausprägung schützen sich in Liebesbeziehungen sowohl vor ihrer Angst, den Partner zu verlieren, als auch vor ihrer Angst, sich selbst zu verlieren, wenn sie den Erwartungen ihrer Partner nachgeben. Die streitlustige Swetlana ist hierfür ein gutes Beispiel: Sie wird immer dann zickig, wenn ihre Verlustängste laut werden, was meistens dann der Fall ist, wenn die Beziehung gerade recht harmonisch ist. Wenn Julius dann in vertrauter Zweisamkeit gemeinsame Zukunftspläne schmiedet, wird es Swetlana schnell zu viel: Sie fühlt sich durch Julius' Pläne diffus vereinnahmt und stemmt sich wütend gegen diese „Invasion". Mit dem Streit schützt sie sich also nicht nur vor ihrer Verlustangst, sondern grenzt sich zugleich gegen Julius' Erwartungen ab.

Bindungsängstliche, die sich von der Zuwendung ihrer Mutter/ Eltern erdrückt und/oder stark kontrolliert und bevormundet gefühlt haben: Sie schützen sich im Wesentlichen davor, sich selbst zu verlieren. Sie leiden normalerweise nicht unter Verlustängsten, weil sie sich von ihrer Mutter/Eltern geliebt, manchmal sogar zu viel geliebt fühlten. Ihr Problem ist, dass sie Liebe und Beziehung mit einer totalen Vereinnahmung ihrer Person gleichsetzen. In einer Partnerschaft beschleicht sie schnell das Gefühl, „sich aufzulösen", sie können sich schlecht von den Wünschen ihrer Partner abgrenzen, weil sie sich für diese – wie früher für ihre Mutter/Eltern – in einem ungesunden Ausmaß verantwortlich

fühlen. Wird die Beziehung zu eng, überkommen sie Erstickungs-
gefühle. Sie erklären, es sei wie „im Gefängnis" oder wie „in Ket-
ten gelegt" zu werden. Sie verspüren einen starken Freiheitsdrang.
Dies ist in den Beispielgeschichten bei dem „Maurer" Björn der
Fall: Seine Mutter hatte ihn früher eng am Gängelband und dieses
Gefühl beschleicht ihn schnell im Beisammensein mit seiner
Lebensgefährtin Claudia, weswegen er meistens einen gewissen
Abstand zu ihr einhält.

Egal, ob die Bindungsangst eher durch Nähe-Überflutung oder ein
Defizit an Nähe entstanden ist, in beiden Fällen sehen die Betrof-
fenen ihre Rettung in ihrer persönlichen Freiheit und Autonomie.
Ihre innere Balance ist also zugunsten der Autonomie gestört.
Allerdings muss an dieser Stelle auch gesagt werden, dass diese
Art von Autonomie nicht wirklich gesund ist – obwohl eine innere
Unabhängigkeit vom Partner natürlich gesund ist. Doch die Autonomie, die Beziehungsängstliche pflegen, ist aus einem Zwang
entstanden. Als Abwehrreaktion auf zu viel Nähe. Es ist keine wirkliche Freiheit. Eher eine Flucht.
    Gleichwohl tragen auch diese Beziehungsflüchter eine Sehn-
sucht nach Nähe und Bindung in sich. Vor allem jene, die sich
als Kinder zu wenig geliebt fühlten, verspüren einen starken Bindungswunsch. In ihnen arbeitet also ein massiver Konflikt
zwischen ihrem Wunsch nach Bindung und ihrer gleichzeitigen
Angst davor. Manchmal gelingt es ihnen, die Waage zu halten.
Aber häufig kippt ihr Wunsch mal in die eine und mal in die andere
Richtung. Dieser Konflikt zweier scheinbar entgegengesetzter
Bedürfnisse erzeugt das notorische Jein!, in dem sich Beziehungsängstliche gefangen fühlen. Aufgrund ihres starken Bin-
dungswunsches reflektieren viele jedoch noch nicht einmal, dass
sie unter Bindungsangst leiden.
    Es dürfte bis hierhin deutlich geworden sein, dass ihre persön-
liche Unabhängigkeit und Freiheit für Bindungsängstliche eine
sichere Option darstellt, mit der sie ihr Selbst entweder vor Enttäuschung und Verlust und/oder vor zu viel Vereinnahmung
beschützen.
    Auf den nächsten Seiten erkläre ich, welche Manöver Bin-
dungsängstliche vollziehen, um sich innerhalb einer Beziehung
möglichst frei und unabhängig zu fühlen.

Der Selbstschutz: Flüchten, Angreifen, Totstellen – von der Flucht in die Arbeit bis zur Funkstille

Den meisten Bindungsängstlichen ist nicht bewusst, dass Bindungen ihre lebensnotwendige Autonomie bedrohen. Ihr Selbstschutz erfolgt mithin eher reflexartig, aus dem Bauch heraus. Wenn die Abwehr jedoch aus dem Bauch heraus erfolgt, dann ist sie nicht durchdacht und nicht reflektiert. Hirnbiologisch bedeutet dies, dass nicht der Frontalcortex, der für bewusstes und vernünftiges Handeln zuständig ist, daran beteiligt ist, sondern stammesgeschichtlich ältere Hirnregionen aktiv werden. Und diese kennen nur steinzeitliche Verhaltensmuster, um auf eine Bedrohung zu reagieren: Flucht, Angriff, Totstellen.

Bei ausgeprägten Bindungsängsten geht der Selbstschutz so weit, dass die Betroffenen sich auf keine Liebesbeziehung einlassen. Sie flüchten, bevor die Beziehung überhaupt anfängt, indem sie sich entweder gar nicht verlieben oder nur in Menschen, die unerreichbar sind. Ihre persönliche Autonomie hat für sie tief im Innern eine so hohe Schutzfunktion, dass sie keinen Menschen nah an sich heranlassen.

Die Mehrzahl der Bindungsängstlichen lässt sich jedoch auf Affären, feste Beziehungen oder auch eine Ehe ein. Dann sorgen sie innerhalb der Beziehung dafür, dass sie zwar eine gewisse Nähe zum Partner haben, aber gleichzeitig möglichst unabhängig bleiben.

Die Flucht als Abwehrstrategie

Ein beliebter und von allen Bindungsscheuen gewählter Selbstschutz ist die Flucht.

Flucht in Arbeit und Hobbys
Viele flüchten sich gern in die Arbeit. Diese bietet einen hervorragenden Vorwand, länger oder kürzer zu verschwinden. In diesem Zusammenhang soll erwähnt werden, dass nicht wenige Betroffene aufgrund ihrer Angst, sich zu binden, in der Selbstständigkeit landen. Die Grenzen zwischen Arbeit und Freizeit gestalten sie fließend – sie verdrücken sich auch gern mal am Wochenende ins Büro oder in die Werkstatt, wie Björn, der sich

ständig in Kundengesprächen verstrickt und erst spät abends nach Hause kommt. Auch aufwendig gepflegte Hobbys taugen als solide Barriere zwischen sich und dem Partner. Arbeit und Hobby dienen jedoch nicht nur der Beziehungsflucht, sondern auch dazu, den Selbstwert durch gute Leistungen und Erfolg zu stabilisieren.

Flucht in Dreiecksbeziehungen und Affären
Weil Bindungsängstliche zwischen ihren Bedürfnissen nach Bindung und nach Autonomie hin- und hergerissen sind, können sie sich schlecht auf einen Partner festlegen – sie benötigen um die Partnerschaft herum Ausweichflächen. Deswegen sind bindungsängstliche Menschen stärker als Bindungswillige geneigt, fremdzugehen und/oder sich in Dreiecksbeziehungen zu verstricken. Dies hängt auch mit dem Schwund ihrer Liebesgefühle zusammen. Wenn die innere Bindung zum Partner immer wieder abreißt, dann ist die Beziehung störanfällig für Dritte. Zudem verhindert die Affäre oder die Dreiecksbeziehung, dass der Bindungsängstliche von *einem* Menschen zu abhängig wird, weil er ja immer noch auf den anderen Partner ausweichen kann. Dies schützt ihn auch gleichzeitig vor Verlustangst. Nach dem Motto: „Doppelt gemoppelt hält besser."

Für diesen Schutz zahlen die meisten Bindungsängstlichen jedoch einen hohen Preis. Viele zerreiben sich in Schuld- und Druckgefühlen, die sie als extrem belastend empfinden. Sofern die Dreiecksbeziehung aufgeflogen ist, machen die betroffenen Partner Szenen und stellen Ultimaten, und der Bindungsängstliche weiß nicht mehr ein noch aus, weil er sich tatsächlich nicht entscheiden kann. Dreiecksbeziehungen sind in der Regel immer so konstelliert, dass die zwei Partner sich in ihren Vorzügen ergänzen: Ist die eine Frau beispielsweise ideal für Gespräche und Theaterbesuche, ist die andere eine Granate im Bett. Typisch ist auch, dass sich ein Bindungsängstlicher, dessen Gefühle für den eigenen Ehepartner aufgrund seiner Bindungsangst abhandengekommen sind, sich eine oder einen Geliebten sucht, bei dem er Leidenschaft empfinden kann, eben weil er keine feste Beziehung zu ihm unterhält. Geriete der Geliebte in die Rolle des Ehepartners, würden die Gefühle des Bindungsängstlichen für diesen auch stark nachlassen. Zudem tun sich Bindungsängstliche aber auch schwer, die Verantwortung für eine Entscheidung zu übernehmen. So würden sie hierdurch mindestens einen der Partner verletzen. Sie wollen – so absurd das klingt – es allen recht machen, also keinem Partner eine Absage erteilen. Selbstredend ist dieser Zustand für die betroffenen Partner nicht weniger die Hölle als für den Bindungsängstlichen selbst. Genau genommen sind in dieser Situation häufig alle Partner bindungsängstlich, einer im „aktiven Modus" und die anderen beiden, einer Entscheidung über ihr weiteres Schicksal harrend, im „passiven Modus".

Flucht in die sexuelle Lustlosigkeit
Ein weiterer Selbstschutz, der dazu dient, sich den Partner vom Leib zu halten, und der nicht weit von der Dreiecksbeziehung oder Affäre entfernt liegt, ist die sexuelle Lustlosigkeit. In vielen bindungsängstlichen Beziehungen ist ein fundamentaler Sexmangel zu verzeichnen. Dem bindungsängstlichen Partner fehlt es an Lust und Leidenschaft. Diese Lustlosigkeit hat verschiedene Ursachen. Grundlegend ist jedoch wieder das Autonomiemotiv: Sexuelle Intimität ist die größte Nähe, die man zu einem anderen Menschen herstellen kann, und dies löst im Bindungsängstlichen mithin seine Angst vor Abhängigkeit aus. Deswegen können viele Betroffene Sex und emotionale Nähe nicht, zumindest nicht über einen längeren Zeitraum, unter einen Hut bringen. Sobald die Beziehung in sicheres Fahrwasser gerät, lässt ihre Leidenschaft stark nach. Deswegen pflegen einige auch Zweitbeziehungen und Affären, wo sie dann ihre erotischen Bedürfnisse, neben ihrer sexuell eingeschlafenen Hauptbeziehung, ausleben. Es gibt allerdings auch bindungsängstliche Männer, die ihre sexuellen Bedürfnisse nur bei Prostituierten verwirklichen können, weil sie innerhalb dieser geschäftlichen Beziehung die emotionale Distanz verspüren, die sie benötigen, um sexuell aktiv zu werden. Und es gibt bindungsängstliche Männer und Frauen, die Sex ausschließlich in flüchtigen Sexualkontakten ausleben, die sie zum Beispiel in Swingerclubs oder über das Internet herstellen. Die Promiskuität dient dann als Nähe-Ersatz für eine enge Verbundenheit mit *einem* Menschen.

Bindungsängstliche, deren Angst vor Nähe-Überflutung hoch ist, fühlen dies insbesondere beim Sex – manche Männer formulieren sogar, sie hätten Angst, „von der Vagina verschlungen" zu werden. Bindungsängstliche Frauen haben – zumindest in festen Beziehungen – Angst, sich hinzugeben.

Bei Männern spielen zudem Versagensängste eine Rolle: Beim Geschlechtsakt meint der Mann nämlich „seinen Mann stehen" zu müssen, und das löst bei einigen einen derartigen Druck aus, dass gar nix mehr geht. Sie umwölkt die Angst, ein schlechter Liebhaber zu sein und die Frau nicht befriedigen zu können. Versagensängste beziehungsweise die Angst, keine gute Liebhaberin zu sein, weisen aber auch Frauen auf. Sie fühlen sich nicht schön genug und/oder haben starke Hemmungen beim Sex. Letztlich geht es um das tief empfundene Gefühl, nicht zu genügen, das bei Bindungsängstlichen insbesondere dann auftaucht, wenn sie ihrem Partner nackt und „ausgeliefert" gegenüberstehen.

Aus Angst, vom Partner zurückgewiesen zu werden beziehungsweise diesen nicht glücklich zu machen, verstellen sich auch viele beim Sex und agieren nicht authentisch. Sie verhalten sich so, wie sie meinen, dass der Partner sich dies wünscht. David Schnarch, ein bekannter US-amerikanischer Sexualtherapeut, spricht in diesem Zusammenhang vom „gespiegelten Selbstempfinden". Er meint damit, dass viele Menschen ihren Selbstwert eigentlich nur in der Reaktion, also in der Spiegelung anderer Menschen empfinden können. Wenn der Partner zufrieden und glücklich mit ihnen ist, dann fühlen sie sich wertvoll. Entzieht der Partner ihnen die Anerkennung, dann fühlen sie sich entsprechend wertlos. Es gibt viele Menschen, die ihre persönliche Anerkennung fast ausschließlich im Außen suchen. Wenn nun der Bindungsängstliche meint, er müsse beim Sex eine bestimmte Rolle spielen, um seinem Partner zu gefallen, dann wird ihm bald die Lust vergehen. So zum Beispiel, wenn ein Mann meint, den zärtlichen, aufmerksamen Liebhaber geben zu müssen, dies ihn aber gar nicht anmacht, weil er eigentlich darauf steht, dominant und fordernd zu sein. Wenn er sich also für die tatsächlichen oder fantasierten Ansprüche seiner Partnerin verbiegt, dann bringt ihm Sex bald keinen Spaß mehr, weil seine Bedürfnisse nicht befriedigt werden.

Ein weiterer Grund für die erotische Funkstille bei Bindungsängstlichen ist die Empfindung, vom Partner fremdbestimmt zu werden, wenn man dessen Gelüsten nachgibt. Das gestörte Verhältnis zu Erwartungen der Bindungsängstlichen macht sich also auch beim Liebesspiel bemerkbar. Wie bereits erörtert, haben die meisten Bindungsängstlichen einen trotzigen Widerwillen, sich den Erwartungen ihrer Partner unterzuordnen, und dies gilt auch für dessen Erwartungen nach körperlicher Nähe. Will der Partner Sex, fühlt der Bindungsängstliche sich schnell fremdbestimmt, weil er dann nicht das Gefühl hat, dass *er* es will. Er empfindet Sex dann als Verpflichtung, und das tötet die Erotik.

Letztlich kann der Lustlosigkeit aber auch der Umstand zugrunde liegen, dass der Bindungsängstliche seinen Partner aus einem Motiv der Sicherheit gewählt hat und ihn letztlich erotisch gar nicht besonders anziehend findet.

Flucht in Fernbeziehungen
Einige Bindungsängstliche bewahren sich ihre Autonomie, indem sie bewusst oder unbewusst nur Fernbeziehungen eingehen, also eine Partnerschaft leben, in der die Distanz schon schicksalhaft eingebaut ist. Die Fernbeziehung hält die gefühlte Nähe zum Partner auf einem für den Bindungsängstlichen erträglichen Niveau.

Ein Klient beschrieb es so: Der Vorteil der Fernbeziehung sei, dass man die meiste Zeit unsichtbar sei. Er skype regelmäßig mit seiner Freundin und bereite sich auf diese Unterhaltung vor wie auf einen Auftritt. Der Klient war davon überzeugt, dass es nicht genügt, wenn er in den Begegnungen mit seiner Freundin einfach nur er selbst ist.

Flucht in die Unverbindlichkeit
Ein Erkennungsmerkmal von Bindungsängstlichen ist, dass sie oft nicht da sind, wenn man sie erwartet oder braucht. Das Problem beginnt schon mit einer mangelnden Erreichbarkeit: Das Handy ist abgeschaltet oder wurde im Auto liegen gelassen. Bindungsängstliche sind schlechte Planer, weil sie sich so ungern festlegen. Sie legen sich so ungern fest, weil eine feste Verabredung das Gefühl von Druck in ihnen auslöst. Und zwar den Druck, dass sie sich an diese Abmachung halten müssen. Dies führt zu kurzfristigen Absagen und Verspätungen. Besonders ungern begleiten sie ihre Partner auf Veranstaltungen, auf denen sie sich als feste Partner präsentieren müssen. Weil sie innerlich nicht wirklich zu der Beziehung stehen, tun sie dies auch äußerlich ungern.

Ein wesentlicher Grund, warum Bindungsängstliche gern abtauchen, ist, dass sie keine Verantwortung für die Partnerschaft übernehmen wollen. Die Verantwortung ist nämlich die große Schwester der Erwartung. Sie wollen sich – am liebsten bis zur letzten Minute – immer frei entscheiden können. Diese Planungsphobie der Näheflüchter mündet nicht selten in einer nervtötenden Unzuverlässigkeit.

Flucht aus dem persönlichen Gespräch
Die meisten Bindungsängstlichen fliehen vor tieferen persönlichen Gesprächen, weil sie sich innerlich zerrissen fühlen zwischen ihren Beziehungs- und Abgrenzungswünschen. *Wie* zerrissen sie sich fühlen, möchten die meisten ihren Partner nicht wissen lassen. Sie wollen ihn nicht verletzen und sie haben Angst, dass der Partner, wenn er voll im Bilde wäre, Schluss machen könnte. Hinzu kommt, dass die Bindungsängstlichen in der Regel selbst gar nicht wissen, was in ihnen vorgeht. Die Bindungsangst wird von ihnen nicht richtig reflektiert und deswegen fällt es ihnen schwer, einen roten Faden in ihren Gefühlen, Gedanken und Handlungen zu finden – zumindest, wenn es um Liebesbeziehungen geht. Zudem liegt es in der Natur der Bindungsangst, dass die Betroffenen nicht nur ein angeknackstes Selbstvertrauen haben, sondern auch ein niedriges Fremdvertrauen. Das heißt, sie sind sowieso nicht die Mutigsten, was Selbstoffenbarung betrifft. Deswegen ist es zumeist wenig erbaulich, mit einem Bindungsängstlichen ein Gespräch über die schwierige Beziehung zu führen. Beziehungsgespräche verwirren die Partner eher noch mehr und enden häufig auch verletzend. Die meisten Bindungsängstlichen öffnen sich ihrem Partner nicht oder nur in Teilbereichen. Vor allem bei bindungsängstlichen Männern kann der Selbstschutz in der totalen Verstummung münden. Sie machen dicht und bringen keinen Ton heraus, wenn die Partnerin von ihnen Rede und Antwort verlangt.

Es gibt aber auch eine kleinere Gruppe von Bindungsängstlichen, die die gegenteilige Strategie wählen: Sie sind geradezu brutal ehrlich und hauen ihrem Partner die ganze Wahrheit über ihre mangelnden Gefühle, ihre Affären und ihren Bindungsmangel um die Ohren. Diese Gruppe findet es erstens ganz wichtig, dass man ehrlich ist, und zweitens übergibt sie hiermit dem Partner viel Verantwortung in dem Sinne, dass dieser ja die Beziehung beenden kann, wenn es ihm zu bunt wird – was schließlich auch eine Lösung für ihr Problem wäre.

Flucht in die Sachlichkeit
Zu guter Letzt soll noch erwähnt werden, dass sich viele Betroffene in die Sachlichkeit flüchten. Bindungsängstliche sind hingabegestört. Blumen, Liebeszettelchen, Händchenhalten und Kerzenlicht gibt's nicht. Sie wollen nicht so viel von sich hergeben. Hier spielt auch wieder ihre Erwartungsallergie eine Rolle: Schon allein, weil der Partner romantische Gesten erwarten könnte, haben sie keinen Bock darauf. Zudem haben sie Sorge, dass der Partner aus diesen kleinen Liebesbeweisen größere Ansprüche ableiten könnte. Also blocken sie vorsichtshalber schon im Kleinen ab.

Der Angriff als Abwehr

Neben der Flucht ist für einige Bindungsängstliche auch der Angriff eine Möglichkeit, sich vor den vermeintlichen Ansprüchen des Partners zu schützen. Aggressionen spielen in bindungsängstlichen Beziehungen immer eine wichtige Rolle. Bindungsängstliche konservieren viel Wut und Trotz in sich. Zum einen hat sich aufgrund ihrer Erfahrungen mit ihren Eltern eine Menge Frust in ihnen angehäuft, der sich bekanntermaßen leicht in Aggression umwandelt. Zum anderen haben ihre Eltern ihnen keinen vernünftigen Umgang mit dem Gefühl der Wut beigebracht – entweder weil diese Emotion nicht erwünscht war oder weil der Streitpegel im Elternhaus sehr hoch war und das Kind daraus für sich gelernt hat: Streit macht alles kaputt.

Gerade in Situationen, die sehr harmonisch sein könnten, brechen einige Bindungsscheue gern Streit vom Zaun. Mitten im romantischen Abendessen oder nach dem schönen Kinobesuch kritisieren sie ihren Partner und werten ihn ab. Die partnerschaftliche Nähe löst im Bindungsängstlichen Aggression aus. Dazu muss man wissen: Erst einmal ist Aggression nichts Schlechtes. Sie hat sich im Laufe der Evolution als feste Emotion im Menschen verankert, weil sie dem Menschen ermöglicht, seine Grenzen vehement zu verteidigen. Beim Bindungsängstlichen wird der Aggressionsimpuls allerdings ständig vom Partner getriggert. Weil sich Bindungsängstliche innerlich schlecht abgrenzen können (warum das so ist, erkläre ich später), grenzen sie sich umso rigider äußerlich ab. Das Problem ist, dass es sehr wenig bedarf, um einem Menschen mit Bindungsangst zu nahe zu kommen. Man kann ihm quasi nicht *nicht* zu nah kommen. Oft reicht es schon, dass man anwesend ist.

Ein anderer Grund, warum Beziehungsängstliche ihre Partner ständig durch Streit und giftige Bemerkungen auf Abstand halten, ist, dass sie im tiefsten Inneren davon überzeugt sind, dass die Beziehung sowieso scheitert. Zu viel Harmonie ist für die Betroffenen „zu schön, um wahr zu sein". So ging es ja auch Swetlana. Sobald es richtig schön wurde, fing sie mit Julius Streit an. Wenn sich also ein harmonisches und sicheres Gefühl in der Partnerschaft einstellt, reagieren sie mit verschärftem Argwohn. Ich erinnere daran, dass Bindungsängsten ein labiler Selbstwert zugrunde liegt. Letztlich ist es der „böse, kleine Junge" oder „das böse kleine Mädchen" in ihnen, das es den Eltern nie recht machen konnte, das heute den Streit in der Partnerschaft sucht. Damit will es sich unbewusst beweisen, was es ohnehin weiß: Du verlässt mich sowieso! Durch den Streit hat man jedoch mehr Kontrolle über das Geschehen, als wenn man sich anstrengt, lieb und artig zu sein, und dann trotzdem verlassen wird. Dem Streit kann auch das unbewusste Motiv zugrunde liegen, den Partner auf die Probe zu stellen. Nach dem Motto: „Wenn du jetzt mal siehst, wie gemein und böse ich sein kann, dann wirst du mich nicht mehr haben wollen – oder vielleicht doch?"

Ein weiterer Anlass für Streitereien sind die Wahrnehmungsverzerrungen der Bindungsängstlichen. Sie ergeben sich aus dem Umstand, dass der Bindungsängstliche (und auch der Partner) seine Kindheitserfahrung und seine damit einhergehenden Ängste und Selbstwertzweifel auf den Partner projiziert und es hierdurch zu Fehldeutungen der Handlungen und Absichten des Partners kommen kann. Ein Bindungsängstlicher fühlt sich beispielsweise schnell manipuliert durch seinen Partner: Wenn dieser ihn mit einem lieben Lächeln um einen Gefallen bittet, könnte dies durch die Brille des Bindungsängstlichen so gedeutet werden: „Jetzt will der mir mit seinem blöden Grinsen Vorschriften machen, was ich tun soll!" Die Grundlage für derartige Projektionen stellt das labile Selbstwertgefühl dar – Bindungsängstliche fühlen sich (unbewusst) nicht auf Augenhöhe mit ihren Partnern. Sie nehmen ihre Partner häufig aus der Froschperspektive wahr und projizieren in sie deswegen eine gewisse Überlegenheit und Feindschaft. Die

Partner bekommen so schnell etwas Bedrohliches. Auf die Problematik der Projektion und Wahrnehmungsverzerrung werde ich noch ausführlich eingehen.

Heiße und kalte Wut: Passive und aktive Aggression

Psychologisch kann man zwischen passiven und aktiven Aggressionen unterscheiden. Die aktive Aggression ist als solche leicht erkennbar in Form von verbaler oder körperlicher Gewalt. Sie ist sozusagen die heiße Wut. Die passive Aggression ist hingegen die kalte Wut. Kalte Wut entsteht, wenn man die heiße Wut unterdrückt – die Wut wird also vom Betroffenen weitgehend niedrig gehalten und verdrängt und äußert sich dann in kleinen Sabotageakten. Das Wort „mauern" trifft gut das Wesen der passiven Aggression. Mauern heißt den anderen auflaufen lassen, zu spät kommen, trödeln, Dinge vergessen, Zugesagtes immer wieder aufschieben – kurzum: immer genau das *nicht* zu tun, was von einem erwartet wird. Die passive Aggression ist eine Aggression durch die Hintertür – der Aggressive tut so, als ob er nicht aggressiv wäre, sondern nur vergesslich. Dies ist ihm natürlich selbst nicht bewusst. Diese Art der Aggression lernen Kinder, die nicht offen wütend sein durften aus Angst vor Liebesentzug oder anderen Sanktionen seitens der Eltern. Auch in Elternhäusern, in denen so gut wie nie gestritten wurde, weil die Eltern selbst sehr konfliktscheu waren, lernen Kinder: Aggressionen sind nicht gut. Die Kinder mussten sich also auf eine „elegantere" Weise als durch offene Rebellion zu wehren lernen. Im passiv-aggressiven Erwachsenen steckt ein bockiges, trotziges kleines Kind, das sich gegen die Macht seiner Eltern stemmt und dieses Verhalten als Erwachsener auch seinem Partner gegenüber weiterführt. Der Partner wird zum Stellvertreter der Eltern.

Für die Partner fühlen sich die passiven Aggressionen des Bindungsängstlichen so an, als würden sie gegen eine Mauer laufen. Sie beißen sich häufig die Zähne aus, um kleinste Verbindlichkeiten und Zusagen zu erhalten, die der Bindungsängstliche vordergründig zwar ausspricht, aber letztlich nicht in die Tat umsetzt.

Totstellen als Abwehrstrategie

Eine weitere Möglichkeit, sich vor Verlustangst oder Nähe-Überflutung zu schützen, ist, in sich selbst zu verschwinden und alle Gefühle abzustellen. Dieser Vorgang läuft allerdings nicht bewusst ab – es handelt sich um einen unbewussten Reflex, den ich als „Totstellreflex" bezeichne. Der Betroffene geht plötzlich offline. Man merkt ihm an, dass er innerlich abwesend ist, auch wenn man gerade mit ihm spricht. Es ist, als ob der Bindungsängstliche eingefroren wäre, und entsprechend fröstelt auch der Partner. Der Bindungsängstliche ist in diesem Moment gefühlstot – und sein Partner spürt dies auch. Man kann sich das so vorstellen, dass in den Liebesgefühlen von vielen Bindungsängstlichen mehr oder minder große Funklöcher sind. Ein Klient erklärte mir mal: „Meine Liebe für meine Freundin sind unverbundene Punkte in einem Raum und keine Gerade!" Dieses Bild ist sehr treffend. Natürlich ist auch bei bindungssicheren Menschen die Liebe für ihren Partner nicht immer gleich stark ausgeprägt. Aber sie empfinden dennoch eine gewisse Kontinuität – mal stärker, mal schwächer – und die innere Verbindung reißt auch nicht unvorhergesehen einfach ab.

Was steckt hinter diesen Funklöchern der Bindungsängstlichen, die im Fachjargon als „Dissoziation" bezeichnet werden? In dem Moment, wo der Bindungsängstliche sich von der Nähe seines Partners überflutet fühlt, verschwindet er quasi in sich selbst und zieht die Mauer hoch. Die Gefühle schalten sich ab – wie ein elektrisches Gerät bei Überhitzung.

Der Totstellreflex ist ein Selbstschutz vor zu intensiven Angstgefühlen. Es handelt sich hierbei entweder um Verlustangst – hierzu zählt auch Eifersucht – oder um die Angst, sich selbst aufzulösen, also vor zu viel Nähe. Das Problem hierbei ist, dass den Bindungsängstlichen zumeist nicht bewusst ist, dass ihrem plötzlichen Gefühlstod ein Angstempfinden vorausgeht. Ich hatte einmal einen Klienten, der unter massiven Eifersuchtsattacken litt – häufig war es jedoch so, dass er diese selbst gar nicht bewusst wahrnahm. Stattdessen kam ihm immer wieder das liebende Gefühl für seine Freundin abhanden und er fühlte sich diffus beklommen. Er ging sozusagen emotional „offline" und war für seine Partnerin für eine Weile nicht mehr zu erreichen. In den therapeutischen Gesprächen haben wir diese Situationen dann gemeinsam seziert und jedes Mal stellte sich heraus, dass dem „Offlinegehen" ein Moment intensiver Eifersucht vorausging. Nur weil dem Klienten dieser Zusammenhang bewusst wurde, konnte er lernen, seine Eifersucht anders als durch Totstellen zu verwalten beziehungsweise seine Verlustangst allmählich abzubauen. Verlustängste können durch alle möglichen Situationen, wie beispielsweise vorübergehende Trennungen im Alltag, ausgelöst werden. Bei Bindungsängstlichen treten Verlustängste und Näheängste immer dann besonders intensiv auf, wenn die Beziehung in eine Zone der Sicherheit gerät. Anstatt sich also zu entspannen und das sichere Gefühl zu genießen, erlebt der Bindungsängstliche erheblichen Stress. Zum einen, weil es seine Verlustangst triggert, und zum anderen, weil im Untergrund ein zentraler Glaubenssatz tätig ist: Wenn ich will, dass du bei mir bleibst, dann muss ich deine Erwartungen erfüllen! Beziehungsängstliche meinen also, dass sie sich für den Partner verbiegen müssen, was in der Angst münden kann, sich selbst zu verlieren. Die Angst, den Partner, und die Angst, sich selbst zu verlieren, hängen miteinander zusammen, dies werde ich in späteren Abschnitten noch genau erklären.

Für die Partner ist der Bindungsängstliche im „Offlinemodus" sehr verunsichernd. Der Partner fühlt nämlich meistens ganz deutlich, dass der Bindungsängstliche innerlich weit weg ist und am liebsten ganz woanders wäre. Wenn der Partner ihn dann zu mehr Zuwendung und Nähe drängt, kann das im Bindungsängstlichen massive Aggressionen auslösen. Wie ein in die Ecke gedrängtes Tier schlägt er dann zu, verbal oder tätlich. In jedem Fall will er schnellstmöglich verschwinden.

Thema und Variation: Die typischen Phasen einer bindungsängstlichen Beziehung

Bindungsängstliche Beziehungen verlaufen nach einem bestimmten Muster. Die Beteiligten meinen zwar, ihre Beziehung wäre ganz kompliziert und einmalig, aber tatsächlich versteckt sich hinter der scheinbaren Komplexität eine Struktur mit hohem Wiedererkennungswert. Bindungsängstliche Beziehungen weisen häufig einen bestimmten Phasenverlauf auf, dessen Kurzfassung so lautet: Anfang, Mitte, Ende, Wiederanfang.

Diesen typischen Verlauf möchte ich Ihnen an einem konkreten Beispiel erläutern, in dem ein Mann namens Antonio der bindungsängstliche Protagonist ist. Damit es nicht zu kompliziert wird, werde ich im folgenden Beispiel nur Antonios Bindungsangst analysieren, auch wenn die Protagonistin Hanna möglicherweise selbst darunter leidet.

Der Anfang der Beziehung

Der 37-jährige Antonio lernte Hanna, 32 Jahre, auf einer Party kennen. Sie erzählten und tanzten viel zusammen. Antonio fand Hanna sehr anziehend. Und auch Hanna merkte, dass Antonio etwas Feuer gefangen hatte. Sie fand ihn zwar sehr sympathisch, aber gefunkt hatte es bei ihr nicht. Gleichwohl gab sie Antonio ihre Handynummer, als er sie am Ende des Abends darum bat. Am nächsten Tag rief er sie an und fragte, ob sie Lust hätte, mit ihm am Abend in den „Brunnenhof" zu gehen, dort spiele eine Swing-Band. Es war Samstag und Hanna hatte noch nichts geplant, von daher fand sie das Angebot verlockend und sagte zu. Der Abend war kurzweilig und die Musik klasse. Hannas Eindruck, dass Antonio sehr sympathisch sei, bestätigte sich, allerdings war er äußerlich nicht ganz ihr Typ. Sie stand eher so auf „blonde Sunnyboys" und Antonio, dessen Eltern Italiener waren, sah südländisch und ziemlich verwegen aus. Als er sie beim Abschied küssen wollte, wehrte sie ab. Antonio akzeptierte dies gelassen. Seine Souveränität imponierte Hanna irgendwie. Als er sich ein paar Tage später wieder meldete, stimmte sie erneut einer Verabredung zu – sie hatte ihm ja beim letzten Treffen deutlich signalisiert, dass sie nichts von ihm wollte, und somit könnten sie ja Freunde werden, dachte sie. Diesmal führte er sie zu einem Edel-Italiener aus. Der Wein und das Essen waren betörend und Antonios Charme irgendwie auch. Diesmal konnte sie seinen Avancen beim Abschied nicht widerstehen. Er küsste sie leidenschaftlich und fordernd, Hanna gefiel das. Sie wollte jedoch nicht direkt mit ihm im Bett landen. Das passierte erst drei Tage später. Antonio war sexuell ziemlich dominant. Das kannte Hanna nicht von ihren Verflossenen, aber es machte sie total an. Hanna glühte, sie war verliebt. Es folgten Wochen wie im Rausch. Hanna hatte noch nie so eine starke Leidenschaft gefühlt, sie und Antonio konnten die Finger nicht voneinander lassen.

Mit der Zeit fühlte sich Hanna immer mehr in der Beziehung mit Antonio angekommen. Sie passten in jeder Hinsicht gut zueinander, teilten gemeinsame Interessen, waren in vielen Punkten einer Meinung und auch der berufliche Hintergrund ergänzte sich gut. Hanna war sich zunehmend sicher, in Antonio den Richtigen gefunden zu haben.

Was ist passiert? – Analyse der Situation
Bindungsängstliche Beziehungen starten oft sehr leidenschaftlich und romantisch. Im Zustand der frischen Verliebtheit und des Neuanfangs vernimmt der Bindungsängstliche seine Ängste nicht. Solange er sich nicht festgenagelt fühlt, kann er liebestechnisch Gas geben. Beziehungsanfänge zeichnen sich durch Unsicherheit auf beiden Seiten aus. Solange der Bindungsängstliche also noch nicht das Gefühl hat, dass die Beziehung sicher und von Dauer sein wird, kann er seinen Gefühlen freien Lauf lassen. Er entwickelt ein Ziel: das begehrte Objekt für sich zu gewinnen.

Antonio: „Ich war wie besessen davon, Hanna zu erobern. Obwohl ich aus früheren Beziehungen wusste, dass mein Interesse meistens nachlässt, wenn die Beziehung mehr in die Alltagsphase eintritt. Nach der ersten Verabredung dachte ich: Die kriegst du nicht! Das hat meine Verliebtheit extrem gesteigert. Ich dachte, diesmal hätte ich wirklich die Richtige gefunden."

Psychologische Erklärung des Geschehens
Wie alle Bindungsängstlichen weist Antonio ein Selbstwertproblem auf. Dies ist ihm selbst jedoch nicht bewusst. Er hat seinen niedrigen Selbstwert mit beruflichen Erfolgen, Männlichkeit und Attraktivität sowie einer hohen sozialen Kompetenz so gut kompensiert, dass er ihn (meistens) gar nicht verspürt. Zu seiner Selbstwertpflege gehört auch die Eroberung von schönen Frauen. Gelingt ihm dies, fühlt er sich bestätigt. Dass Hanna nicht auf Anhieb auf ihn stand, hatte seinem Ego einen Stich versetzt – dieser musste „genäht" werden, indem er sie doch noch eroberte. Sein Jägertrieb war voll auf Touren, der Hormonpegel hoch. Antonio ist während der Eroberungsphase durchaus bewusst, dass er eine gewisse Show abzieht: charmant, souverän und immer gut drauf!

Neben dem Wunsch nach „Selbstwert-Tuning" hat Antonio aber auch einen echten Bindungswunsch, er sehnt sich nach einer festen Beziehung. In der Anfangsphase kann er seinem Bindungswunsch viel Raum geben – die Beziehung ist noch nicht so verbindlich, dass sie seine Bindungsangst auf den Plan ruft.

Die Mitte der Beziehung

Hanna und Antonio waren jetzt ein halbes Jahr zusammen und Hanna brachte die Idee auf, sich eine gemeinsame Wohnung zu nehmen, das wäre schön und auch billiger. Auch von ihrem Kinderwunsch hat sie Antonio an einem romantischen Abend schon einmal erzählt. Antonio reagierte auf Hannas Zukunftspläne jedoch zurückhaltend. Wegen der Wohnung könne man ja mal schauen ... Und Kinder und Familie, na ja, später vielleicht einmal, aber die nächsten Jahre bestimmt nicht. Er sei inmitten eines Karrierehochs, das habe erst einmal Vorrang. Da Antonio zu einer gemeinsamen Wohnung nicht Nein gesagt hatte, machte Hanna sich auf die Suche. Sie besichtigten einige Wohnungen, aber Antonio wirkte bei diesen Terminen oft abwesend. Es schien ihn gar nicht so richtig zu interessieren und an jeder Wohnung hatte er irgendetwas auszusetzen. Außerdem sahen sie sich seltener als am Anfang – Antonio arbeitete oft bis in die späten Abend und erklärte häufiger, er sei sehr müde und würde deswegen gern bei sich übernachten. Wenn sie sich trafen, war er manchmal etwas wortkarg und schien in seine Gedanken versunken. Aber es gab auch immer wieder sehr schöne Momente, in denen sich Hanna Antonio ganz nah fühlte. Gleichwohl war Hanna verunsichert, sie hatte irgendwie das Gefühl, dass Antonio ihr entglitt. War am Anfang Antonio derjenige gewesen, der sie ständig sehen wollte, schien es inzwischen umgekehrt zu sein: Die meiste Initiative ging von ihr aus. Wenn sie ihn auf die Veränderungen ansprach, antwortete er ausweichend, er habe viel Stress bei der Arbeit, das ziehe ihn runter. Hanna hatte jedoch das Gefühl, dass etwas Grundlegendes sich verändert hatte. Wenn Antonio mal wieder kurzfristig einen Abend absagte oder geistig völlig abwesend wirkte, fühlte sie sich deprimiert und einsam. Dabei hatte doch alles wie im Märchen begonnen ...

Was ist passiert? Die Analyse der Situation
Die ersten Zweifel an der Beziehung kommen bei Bindungsängstlichen auf, wenn der Partner sich klar zu der Beziehung bekennt

und diese somit in eine nächste Stufe der Verbindlichkeit übergeht. Dies war der Fall, als Hanna anfing, Zukunftspläne zu schmieden. Die Eroberungsphase war hiermit für Antonio abgeschlossen, das Machtverhältnis in der Beziehung hatte sich verändert, er konnte sich Hannas Zuneigung sicher sein. Nun regten sich die ersten Zweifel in ihm. Er dachte nun öfter darüber nach, was ihn alles an Hanna störte. Und es beschlich ihn das Gefühl, seine Freiheit verloren zu haben. Auf einmal fielen ihm wieder eine Reihe anderer hübscher Frauen auf, die er in seiner Eroberungsphase gar nicht wahrgenommen hatte. Sollte er nun wirklich nur noch mit einer zusammen sein dürfen? Für immer? Er sprach aber nicht mit Hanna über seine Beklemmungen, schließlich wollte er sie auch nicht verlieren und sie nicht verletzen. Stattdessen fing er an, sich abzuschotten. Er hatte den Wunsch, sein Revier neu abzustecken. Auch seine Gefühle für Hanna veränderten sich. Er war sich nicht mehr so sicher, ob er sie wirklich liebte. Sein Begehren ließ nach. Alle diese Veränderungen machten ihm Sorgen und er fühlte sich schuldig. Er versuchte seine Zweifel vor Hanna zu verbergen. Er schob alles auf die Arbeit und versuchte, ihr öfter aus dem Weg zu gehen, damit er sich etwas freier fühlen konnte. Andererseits fühlte er zeitweise auch immer wieder ganz deutlich, dass er sie liebte und mit ihr zusammen sein wollte. Sein Verhalten und seine Botschaften an Hanna waren in dieser Zeit extrem widersprüchlich.

Antonio: „Ich war in jener Zeit innerlich total zerrissen. Einerseits wollte ich die Beziehung zu Hanna. Eigentlich passten wir sehr gut zusammen. Aber irgendwie törnte es mich ab, dass sie mich so anhimmelte. Ich fühlte mich auch sexuell von ihr bedrängt, was meine Lust tötete. Außerdem konnte ich überhaupt nicht damit umgehen, dass sie abends auf mich wartete. Sie freute sich immer mich zu sehen und anstatt mich ebenso zu freuen, hatte ich das Gefühl, nicht mehr frei entscheiden zu können. Ich fühlte mich plötzlich so verpflichtet, mich mit ihr zu verabreden. Das machte mich wütend und deswegen sagte ich manchmal auch ganz kurzfristig ab, um ihr zu beweisen, dass ich trotzdem noch ein freier Mensch bin! Ich spürte auf einmal nur noch Druck. Um diesem Gefühl zu entkommen, arbeitete ich immer mehr. Andererseits hatte ich auch immer wieder Momente, wo ich wieder wie frisch verliebt in Hanna war, dann brachte ich ihr Blumen mit und wollte auch wieder mit ihr schlafen. Ich schämte mich dann schrecklich für meine Zweifel und mein Verhalten und wollte alles wiedergutmachen. Es muss für sie alles sehr verwirrend gewesen sein – so wie für mich auch."

Psychologische Erklärung des Geschehens
Als Hanna sich auf die Beziehung zu Antonio einließ, war die Eroberung für ihn zunächst abgeschlossen und sein Selbstwert bestätigt. Zumindest vordergründig. Denn untergründig ist Antonio klar, dass er in der Außenwelt beziehungsweise bei Hanna eine gewisse Show abzieht, um geliebt zu werden. Nun machen sich Zweifel in Antonio breit, ob er unter der Bedingung „So wie ich wirklich bin" auf Dauer von Hanna gewollt wird. Antonio sieht sich plötzlich vor die Erwartung Hannas gestellt, so „perfekt" zu bleiben, wie er sich am Anfang verkauft hat. Jetzt muss er sozusagen halten, was er versprochen hat. In dieser Phase beschleicht ihn unterschwellig das Gefühl, „aufzufliegen" und nicht zu genügen. Außerdem wird ihm die „Show" auf Dauer auch etwas zu anstrengend. Wenn er hingegen allein bei sich zu Hause ist und keiner ihn beobachtet, dann fühlt er sich wie befreit. Nur in seinen vier Wänden kann er ganz er selbst sein. Hannas Euphorie und ihre Zukunftspläne lösen zunehmend das Gefühl von Druck in ihm aus.

Durch seine Kindheitserfahrungen hat sich bei Antonio die Überzeugung eingeprägt, dass er sich in Liebesbeziehungen verbiegen muss, nicht er selbst sein darf. Und genau dieses unreflektierte Kindheitsmuster ist es, das in Antonio die Druckgefühle auslöst. Sein Unbewusstes verbindet mit Bindung: Verpflichtung, Zwang und Selbstverlust. In seinem Bewusstsein verspürt Antonio jedoch nur einen diffusen Druck, der seine anfängliche Liebe und Leidenschaft für Hanna zersetzt.

Als Kind musste er sich stark an die Erwartungen seiner Eltern anpassen, er hatte wenig Verhandlungsspielraum. Seinem Kinderwillen wurde von seinen Eltern wenig Beachtung geschenkt. Hierdurch hat sich ein tiefes Gefühl der Wehrlosigkeit in ihm eingefräst. Antonio fühlt nicht das Recht, seine Bedürfnisse innerhalb einer Beziehung zu vertreten. Anstatt also zu sagen: „Das will ich und das will ich nicht!", flüchtet er aus der Beziehung, um so seine Freiheit und Autonomie zu schützen. Er baut äußere Grenzen auf, weil er sich nicht selbst behaupten kann. Um seine Autonomie zu beschützen, grenzt Antonio Hanna aus. Hierbei greift er auf die Schutzstrategien zurück, die ich im vorherigen Abschnitt vorgestellt habe: Er flüchtet in die Arbeit, er taucht ab und wird unverbindlich, er ist sexuell lustlos und mauert im Gespräch. Zudem schützt er sich auch durch Totstellen, so ist er häufig innerlich nicht präsent im Zusammensein mit Hanna.

Durch die Schutzstrategien des Betroffenen kommt die für bindungsängstliche Beziehungen typische Dynamik in Schwung: Je mehr der Bindungsängstliche sich entzieht, desto mehr fängt der Partner an zu klammern und zu fordern. Dies verstärkt wiederum den inneren Druck des Bindungsängstlichen, auf den er mit noch mehr Distanzierung reagiert, was im Partner wiederum vermehrte Klammerimpulse auslöst.

Gleichzeitig arbeitet aber in Antonio auch noch der Wunsch nach Nähe und Bindung, so gibt es immer wieder Tage, an denen er seine Liebe für Hanna deutlich spürt. Die innere Ambivalenz, also der Konflikt zwischen dem Wunsch nach Bindung auf der einen Seite und dem Wunsch nach Freiheit und Autonomie auf der anderen Seite, erreicht in der mittleren Phase ihren Höhepunkt.

Das Ende der Beziehung

Hanna und Antonio stritten sich immer häufiger. Die Auseinandersetzungen drehten sich im Wesentlichen um Antonios Unzuverlässigkeit, seine mangelnde Präsenz und seine emotionale Kälte. Hanna war verzweifelt: Was war nur aus ihrem liebenswürdigen und leidenschaftlichen Antonio geworden? Sie wollte ständig mit ihm über die Beziehung und seine Gefühle sprechen. Sie weinte oft und flehte ihn förmlich an, dass doch alles wieder so werden möge wie am Anfang. Diese ganzen „Szenen" gingen Antonio mächtig auf die Nerven. Er fühlte sich von Hanna drangsaliert. Die Druckgefühle wurden immer schlimmer. Andererseits tat Hanna ihm auch leid und er fühlte sich schuldig. Er wusste, dass ihre Forderungen berechtigt waren und er es „verbockt" hatte. Er konnte sich einfach nicht erklären, was mit ihm los war. Diese ganzen Schuld- und Druckgefühle trieben ihn immer mehr in die Flucht. Anstatt also auf Hannas Wünsche nach mehr Nähe und Verbindlichkeit einzugehen, entfernte er sich zunehmend von ihr. Immer häufiger dachte er darüber nach,

Schluss zu machen, um dem ganzen Stress zu entgehen. Als er eines Abends mit einem Kumpel in einer Kneipe abhing, um einfach mal „zu saufen und abzuschalten", lernte er Pia kennen. Sie war sehr hübsch und so erfrischend „unverbraucht". Auf einmal fühlte sich Antonio wieder wie der Alte: charmant, witzig und männlich. Er flirtete wild und ließ die Information, dass er eine feste Freundin hatte, unter den Tisch fallen. Er verknallte sich spontan in Pia und sie landeten in derselben Nacht noch im Bett. Am nächsten Morgen fühlte er sich vollkommen zerrissen. Einerseits war er frisch verliebt, andererseits hatte er Hanna gegenüber immense Schuldgefühle. Er beschloss, noch am selben Tag „reinen Tisch" zu machen. Er würde Hanna zwar nichts von Pia erzählen, das wäre einfach zu kränkend für sie und er hätte auch Angst vor ihrer Reaktion. Aber er würde definitiv einen Schlussstrich ziehen, damit wäre „die Sache sauber abgehakt".

Als Antonio ihr seine Entscheidung mitteilte, brach für Hanna die Welt zusammen. Sie war unendlich traurig.

Was ist passiert? – Die Analyse der Situation
Hannas und Anonios Begegnung zeigt die typische Dynamik in bindungsängstlichen Beziehungen: Ein Partner klammert und der andere flüchtet, die Situation spitzt sich immer mehr zu. Je mehr der Bindungsängstliche sich abschottet, desto verunsicherter reagiert der Partner. Antonio, der ohnehin nicht mit Erwartungsdruck umgehen kann, verbindet mit Hanna zunehmend nur noch Forderungen und Verpflichtung. Ihn ergreift immer mehr das Gefühl, dass er in der Falle sitzt und er seinen Freiraum zurückerobern muss. Seine Gedanken kreisen verstärkt darum, wie er sich aus der Beziehung retten kann. Die Ambivalenz der mittleren Phase kippt verstärkt in Richtung Fluchtgedanken. Zudem verliert der Partner, hier also Hanna, durch das Jammern und Klammern immer mehr an Attraktivität für den Bindungsängstlichen. Nicht selten fängt der Bindungsängstliche, um sich den Absprung zu erleichtern, eine Affäre an.

Antonio: „Ich konnte immer seltener noch etwas für Hanna empfinden. Ihre Szenen stießen mich ab. Sie hatte komplett an Reiz für mich verloren. Ich fühlte mich von ihren Forderungen erpresst und gegängelt. Ich wollte einfach wieder mein eigenes Ding machen. Andererseits tat sie mir auch leid und ich hatte starke Schuldgefühle. Schließlich hatte sie ja recht, dass ich am Anfang der Beziehung ganz anders drauf war und meine Gefühle für sie stark nachgelassen hatten. Aber ich konnte es irgendwie nicht mehr rückgängig machen, und als ich Pia kennenlernte, war es ganz vorbei."

Psychologische Erklärung des Geschehens
Gerade weil die Forderungen des Partners nach mehr Nähe und Verbindlichkeit völlig berechtigt sind, gerät der Bindungsängstliche immer mehr unter Druck. Er hat nämlich keine guten Argumente für seinen Rückzug. Er leidet unter Schuldgefühlen, weil er die Liebe seines Partners nicht erwidern kann. Er sieht nur noch Anforderungen und Verpflichtungen, denen er jedoch nicht nachkommen kann und will. Der Bindungsängstliche fühlt sich in die Ecke gedrängt und schlägt um sich. Sein Verhalten wird immer feindseliger und aggressiver. Der Partner löst im Bindungsängstlichen zunehmend schlechte Gefühle aus. Er mutiert in den Augen des Bindungsängstlichen immer mehr zum Feind. Der Bindungsängstliche sieht bald seine einzige Rettung darin, Schluss zu machen. Manchmal versucht er auch durch ein extrem provozierendes Verhalten, den Partner zum Schlussmachen zu bewegen.

Der Neuanfang

Antonio und Hanna waren seit einigen Wochen getrennt und Antonio stellte fest, dass er sie vermisste. Die Affäre mit Pia war nur ein Strohfeuer gewesen. Antonio dachte oft an Hanna und die schöne Anfangszeit. Rückblickend konnte er sich gar nicht erklären, was ihn eigentlich geritten hatte. Eines Sonntags, als er sich besonders einsam fühlte, rief er Hanna an. Es folgte ein langes und tränenreiches Telefonat. Noch am selben Tag wurden sie wieder ein Paar. Doch das wiedergefundene Glück war nicht von langer Dauer, bald stellten sich bei Antonio dieselben Druckgefühle ein wie in der ersten Runde. Es folgten noch drei weitere Trennungen und Versöhnungen bis Hanna endgültig die Beziehung beendete, weil sie am Ende ihrer Kraft war.

Was ist passiert? – Die Analyse der Situation

Bereits in der Trennungsphase legen sich die Zweifel und Ängste beim Bindungsängstlichen häufig schlagartig. Der Druck ist weg, es gibt keinen Feind mehr. Dann fällt vielen plötzlich auf, dass sie ihren Ex-Partner vermissen und ihn immer noch lieben. Die Freiheit verliert maßlos an Glanz in dem Moment, wo man sie hat. Der Bindungsängstliche stellt fest, dass er die falsche Entscheidung getroffen hat, und will zu seinem Partner zurück. Das Ende einer bindungsphobischen Beziehung ist häufig nicht das Ende. Irgendwie geht es dann doch noch weiter. Trennungen und Neuanfänge, wenn auch in kürzeren Abständen, sind in bindungsängstlichen Beziehungen häufig.

Psychologische Erklärung für das Geschehen
Wenn die Trennung vollzogen ist, muss sich der Bindungsängstliche nicht mehr aktiv gegen die gefühlte Vereinnahmung durch seinen Partner abschotten. Er hat seine Freiheit wiedergewonnen und seine Autonomie gesichert. Angst- und Stressgefühle verschwinden und machen Platz für den Gegenspieler des Autonomiewunsches, nämlich den Wunsch nach Nähe und Bindung. Nicht selten stellt sich hierdurch beim Bindungsängstlichen wieder das liebende Gefühl für den Ex-Partner ein und er nähert sich diesem wieder an. Sobald jedoch die wiederbelebte Beziehung erneut in eine Region der Verbindlichkeit gerät, stellen sich die überwunden geglaubten Druckgefühle erneut ein und das Drama wiederholt sich.

Dies war im Zeitraffer ein typischer Verlauf einer bindungsängstlichen Beziehung. Dabei können die einzelnen Phasen sehr unterschiedlich lang sein. Die mittlere Phase kann sich über ein paar Wochen, aber auch über Jahre hinziehen. Bei manchen „Hochsensiblen" dauert die mittlere Phase auch nur ein paar Tage beziehungsweise nur eine Nacht, dann haben sie bereits das Gefühl, in der Falle zu sitzen. Aber auch eine Heirat ist mit einem Bindungsängstlichen durchaus nicht ausgeschlossen. Nach der Hochzeit bricht die Bindungsangst häufig jedoch besonders intensiv durch. Der Partner fängt an, alle möglichen Flucht- oder Aggressionsstrategien zu nutzen, um die Beziehung weiter auf Distanz zu halten. Die Hoffnung der Partner, „Wenn ich dich erst mal unter der Haube habe ...", erfüllt sich mit Sicherheit nicht.

Erstarrung statt Achterbahn

Ich möchte an dieser Stelle noch einmal hervorheben, dass nicht alle bindungsängstlichen Beziehungen die obige Dramaturgie aufweisen. Wie ich eingangs schon erwähnt habe, verlaufen manche bindungsängstlichen Beziehungen auch in einem recht ruhigen Fahrwasser, um nicht zu sagen: Sie befinden sich in einem Zustand der Erstarrung. Das ist nach meiner Beobachtung dann häufig der Fall, wenn beide Partner sehr zurückhaltend und konfliktscheu sind. Hanna zum Beispiel forderte von Antonio ständig Gespräche ein, sie weinte und machte Szenen. Hierdurch nahm die Beziehungsdynamik Fahrt auf, weil Hanna ihren Partner Antonio immer mehr in die Defensive brachte. Wäre Hanna hingegen konfliktscheu, dann hätte die Beziehung wahrscheinlich noch länger gehalten, wenn auch für Hanna sehr unbefriedigend. Wenn Hanna geschluckt hätte, dass Antonio sich von ihr zurückzieht, hätte er sich weniger unter Druck gesetzt gefühlt. Dann hätte es erheblich weniger Streit gegeben und Antonio hätte sich zwar in der Beziehung nicht immer wohlgefühlt, aber *wohler*. Antonio wäre, wie auch sowieso, der Alleinherrscher über Nähe und Distanz gewesen und die Beziehung wäre nach seinen Bedingungen verlaufen: mit getrennten Wohnungen, seltenem Sex, vielleicht zwei, höchstens drei Treffen pro Woche, wenig Romantik und Gesprächen, in denen über persönliche Themen und Gefühle ein Bogen gemacht wird. Es gibt nicht wenige Beziehungen, die so „funktionieren". Entweder haben die betroffenen Partner eine hohe Leidensfähigkeit und können sich in der emotionsarmen Atmosphäre akklimatisieren oder sie weisen ein ähnlich hohes Distanzbedürfnis auf. Es gibt nämlich auch bindungsängstliche Beziehungen, in denen sich zwei „aus gleichem Holz" treffen und ein großer Sicherheitsabstand für beide Partner die notwendige Bedingung für den Fortgang der Beziehung darstellt. Aber in meiner psychotherapeutischen Praxis treffe ich auch immer wieder Menschen, die sehr unter der Gefühlsarmut ihres bindungsängstlichen Partners leiden, die sich aber zu abhängig fühlen, um sich zu trennen, und die auch nicht den Mut aufbringen, mal auf den Putz zu hauen und vom Partner mehr Nähe einzufordern.

Erste Hilfe für Betroffene

Beziehungsängstliche entwickeln eine schier unerschöpfliche Anzahl von Strategien, um sich per Flucht, Kampf oder Totstellen im wortwörtlichen Sinne aus der Affäre zu ziehen. Für die Partner sind letztlich alle Methoden schmerzlich. Und häufig verursachen sie das typische Ping-Pong-Spiel zwischen den Partnern: Der eine rennt weg, der andere hinterher. Der eine bricht laufend Streit vom Zaun, der andere will es dem Partner immer noch mehr recht machen, um den Streit zu vermeiden (was natürlich nicht funktioniert).

Wenn Sie sich in den vorigen Seiten wiedererkannt haben, weil Sie eine oder mehrere Strategien in Ihrer Beziehung oder Affäre einsetzen, um den Partner auf Distanz zu halten, möchte ich Sie an dieser Stelle ermuntern, sich Ihre Mechanismen bewusst zu machen. Versuchen Sie sich möglichst genau zu beobachten und ihre tiefliegenden Motive und Ängste zu ergründen. Allein dadurch, dass Sie sich Ihrer inneren Programme bewusst werden, kann sich schon eine Menge verändern. Im Grunde geht es darum, dass Sie sich nicht trauen, in einer Liebesbeziehung authentisch zu sein. Konkrete Hilfe, wie man sich schrittweise von seiner Bindungsangst befreien kann, erhalten Sie im Kapitel „Wie kann ich meine Bindungsangst loswerden" ab Seite 90.

Wenn Sie dagegen in den Flucht- und Abwehrstrategien Ihren Partner erkannt haben, kann ich Ihnen nur raten: Hören Sie auf, sich fast ausschließlich auf Ihre Beziehung zu konzentrieren. Nehmen Sie wieder Kontakt zu Freunden auf, pflegen Sie Ihre Hobbys. Nehmen Sie den Druck aus Ihrer Partnerschaft. Für sich selbst ebenso wie für Ihren Partner. Beziehungen mit beziehungsängstlichen Menschen üben einen ungeheuren Sog aus und die Partner dieser Menschen neigen dazu, all ihre Energie in die Beziehung zu investieren und in den Versuch, den anderen zu verstehen. Steuern Sie diesem Sog entgegen und kümmern Sie sich mehr um sich selbst. Um Ihre Probleme statt um die Ihres Partners. Um Ihre Realität der Beziehung statt um die Illusion, die in nahen Momenten entsteht. Außerdem sollten Sie vor allem darüber nachdenken und in sich hineinspüren, was die enorme Anziehungskraft Ihres bindungsängstlichen Partners letztlich mit Ihrem Selbstwertgefühl zu tun hat. Denn: Ein Hauptgrund dafür, dass Sie sich so

schlecht von einem beziehungsängstlichen Partner trennen können, ist, dass es Sie derart in Ihrem Selbstwert kränkt, wenn Sie
zurückgewiesen werden. Sie wollen unbedingt, dass der Bindungsängstliche diese Kränkung wiedergutmacht, indem er sich
endlich zu Ihnen und seiner großen Liebe zu Ihnen bekennt. Doch
mit diesem Lösungsansatz befinden Sie sich als Partner leider in
der Sackgasse. Der Einzige, der den eigenen Selbstwert dauerhaft
stabilisieren kann, sind ausschließlich Sie selbst. Ab Seite 90 finden Sie konkrete Anregungen, wie Sie diesen Weg Schritt für
Schritt gehen können.

Woher kommt Bindungsangst?

Warum stecke ich im „Jein!" fest?

An verschiedenen Stellen habe ich bereits ausgeführt, dass die Wurzeln für Bindungsängste in der Kindheit liegen. Das Elternhaus ist unser Trainingslager für spätere Liebesbeziehungen. Hier lernen wir, was Mama und Papa unter Liebe verstehen und wie mit Problemen umgegangen wird. Hier lernen wir, ob Liebe ein Geschenk ist oder ob wir uns die Liebe hart erarbeiten müssen. Oder wir lernen, dass wir nicht geliebt werden, egal was wir tun. All diese Erfahrungen lassen uns ein Leben lang nicht mehr los, sie spuren sich in unser Gehirn ein und prägen unsere Sicht auf uns selbst und auf die Welt. Dies liegt daran, dass die Verknüpfung der Gehirnnervenbahnen in den ersten sechs Lebensjahren stattfindet – in unserem Gehirn werden in dieser Zeit sozusagen die wichtigen Wege und Verbindungen angelegt. Damit entsteht in gewisser Weise auch eine Art grundlegende Karte für unsere Gefühls- und Verhaltensmuster.

In neurologischen Studien hat man beispielsweise nachgewiesen, dass unser Gehirn über ein Belohnungs- und über ein Bestrafungssystem verfügt, das jeweils durch verschiedene neuronale Botenstoffe aktiviert wird. Im Gehirn von Kindern, deren Eltern mit viel Druck und Bestrafung erziehen, spurt sich das Bestrafungssystem tiefer in die Gehirnstruktur ein als das Belohnungssystem. Dies hat zur Folge, dass diese Menschen, auch als Erwachsene, sehr sensibel auf Reize reagieren, die in Richtung Ablehnung oder Bestrafung ihrer Person gedeutet werden können. Schon eine kleine Geste ihres Gegenübers kann genügen, um ihr Bestrafungssystem zu aktivieren: Sie interpretieren die Geste dann als gegen sich gerichtet. Menschen, bei denen das Bestrafungssystem stark ausgeprägt ist, bleiben auch bei einem Misserfolg länger in dem Gefühl der Frustration stecken und erholen sich

schlechter davon als Menschen mit einem ausgeprägten Belohnungssystem. Allerdings muss man diese neurologischen Prägungen nicht als unabwendbares Schicksal hinnehmen. Unser
Gehirn kann auch im Erwachsenenalter noch neue neuronale Ver-
knüpfungen herstellen, und deshalb können wir unser Gehirn
auch als Erwachsene aktiv „umtrainieren". Wie das geht, verrate
ich Ihnen ab Seite 90 im Abschnitt „Vom Jein zum Ja!"

Außerdem möchte ich noch erwähnen, dass nicht allein die
Eltern beziehungsweise die Familie das Kind prägen, sondern dass
auch genetische Anlagen eine wichtige Rolle spielen. Wie wir wissen, kommen Kinder mit unterschiedlichen Temperamenten und
unterschiedlichen Veranlagungen auf die Welt. So gibt es beispielsweise sogenannte Kuschelkinder und Kinder, die schon mit einem
gewissen Distanzbedürfnis geboren werden, die also unterdurch-
schnittlich verschmust sind. Wenn die Mutter bei den Letzteren die
Distanzsignale einfach ignoriert und das Kind mehr beschmust, als
es diesem lieb ist, dann lernt dieses Kind früh, dass seine Grenzen
nicht respektiert werden. Und es könnte sich zu einem bindungsängstlichen Erwachsenen entwickeln, der unter Nähe-Überflutung
leidet. Dieselbe Mutter hätte bei einem „Kuschelkind" diesen über-
griffigen Eindruck nicht hinterlassen. Außerdem wäre es auch möglich, dass die Mutter gekränkt auf die Zurückweisung ihres wenig
verschmusten Kindes reagiert und sich distanziert. Sie wäre also
eine kühlere Mutter als bei einem Kind mit mehr Kuschelveranla-
gung. Man muss deshalb beachten, dass es zwischen Eltern und
Kindern Dynamiken gibt, die sich wechselseitig beeinflussen. So
können zum Beispiel auch sogenannte Schreikinder eine Mutter in
die Verzweiflung treiben und sie so überfordern, dass sie es nicht
schafft, diesem Kind eine sichere Bindung zu bieten. Mit einem
„normalen" Kind hätte sie das jedoch geschafft. Wichtig ist hier
jedoch zu betonen, dass das arme Schreikind genauso wenig wie
alle anderen Kinder irgendeine Schuld an der Überforderung seiner
Eltern trifft. Das erscheint Ihnen vielleicht fast der Erwähnung über-
flüssig, aber *alle* Bindungsängstlichen, die mir bislang begegnet
sind, haben im Laufe ihrer Kindheit die innere Überzeugung entwickelt, dass sie nicht in Ordnung sind. Und sie hegen das diffuse
Gefühl, eine Mitschuld am elterlichen Versagen zu tragen. Auch
wenn dies vielen gar nicht bewusst ist. Darauf werde ich später
noch ausführlich zu sprechen kommen (siehe Seite 61).

Im Folgenden werde ich mich bei meinen Ausführungen sprachlich auf die Mutter beziehen. Nehmen Sie das bitte als Synonym für „engste Bezugsperson". Dies kann selbstverständlich auch der Vater, die Oma oder die Adoptivmutter sein. Es ist mir aber sprachlich zu umständlich, die anderen Möglichkeiten immer mit zu erwähnen. Die meisten Kinder wachsen ja auch mit Vater und Mutter auf und entwickeln zu beiden Eltern Bindungen. Außerdem können beispielsweise auch Geschwister, Großeltern oder Kindermädchen einen Einfluss nehmen. Die allermeisten Menschen wachsen in familiären Systemen auf. Die folgenden Ausführungen sind somit auf den Kern reduziert – sie sollen Ihnen ein Gespür für die Problematik an die Hand geben, sodass Sie dann über Ihre individuelle Familienkonstellation reflektieren können.

Ich hatte eine schöne Kindheit!

Mir ist noch kein Bindungsängstlicher begegnet, der eine vollkommen unproblematische Kindheit hatte, allerdings einige, die meinten, sie hätten eine schöne Kindheit gehabt. Ich will damit nicht sagen, dass die Kindheit dramatisch gewesen sein muss, um Bindungsangst zu entwickeln, es reichen manchmal schon wenige Stressoren. Aber es gibt immer einen roten Faden, den man zwischen der Kindheit und der Bindungsangst herstellen kann. In meinem Buch „Jein!" hatte ich geschrieben, dass Bindungsängste auch im Erwachsenenalter durch unglückliche Erfahrungen entstehen können. Dieser Meinung bin ich heute nicht mehr. Wenn es jemand nicht schafft, eine oder auch mehrere unglückliche Lieben so zu verarbeiten, dass er sich wieder neu binden kann, dann hat er ein tiefer liegendes Problem, das er aus der Kindheit mit in sein Erwachsenenleben genommen hat.

Bevor ich auf die verschiedenen Bindungs- und Erziehungsstile zu sprechen komme, möchte ich erwähnen, dass manche Klienten sich schwertun, die Ursache ihrer Bindungsangst in ihrer Kindheit zu suchen. Es gibt zwei typische Widerstände. Der erste lautet: „Ich bin doch für mein Leben selbst verantwortlich und will nicht alles meinen Eltern in die Schuhe schieben!" Der zweite lautet: „Ich hatte eine schöne (oder normale) Kindheit!" Dem ersten Einspruch widersprechen die Erkenntnisse der modernen Neuropsychologie, die ich auf den vorigen Seiten ausgeführt habe. Die kindlichen Erfahrungen prägen sich demnach sehr tief ins Gedächtnis und beeinflussen uns oft lebenslang. Schon deshalb kann man nicht wirklich annehmen, dass die Eltern nichts damit zu tun haben, wie man sich heute als Erwachsener fühlt. Ob man diese Verbindung als Schuld der Eltern interpretiert, ist eine andere Frage. Aber den Einfluss zu verneinen widerspricht der Realität. Der zweite Satz formuliert letztlich den Loyalitätskonflikt, den viele Menschen verspüren, wenn sie ihre Eltern kritisieren. Manche mögen sich gar nicht eingestehen, wie schlimm es unter Umständen daheim gewesen ist. Kinder haben eine tiefe Loyalität zu ihren Eltern. Um den Eltern zu gefallen, würden sie fast alles tun. Kinder wissen auch nicht, dass die Eltern Fehler machen. In ihren kindlichen Augen sind die Eltern unfehlbar. Wenn die Eltern mit ihm schimpfen, es schlagen, es nicht beachten, dann denkt das Kind zwangsläufig, dass es selbst die Schuld daran trägt. Es meint, es wäre irgendwie verkehrt, ansonsten würden die Eltern sich anders verhalten. Außerdem ist die Elternbindung emotional – und am Anfang der Entwicklung auch körperlich – überlebensnotwendig. Das heißt, das Kind kann sich sozusagen nicht nicht binden. Es hat auch keine bewusste Wahl, ob es eine ungesunde oder eine förderliche Bindung zu seinen Eltern entwickelt. Die kindliche Bindung stellt immer einen Versuch des Kindes dar, sich an seine familiären Verhältnisse anzupassen. Es benötigt die Eltern, um sich geschützt und sicher zu fühlen. Deswegen idealisieren Kinder ihre Eltern. Und nicht selten tut genau dies das „innere Kind" im Erwachsenen auch noch. Es hält eisern daran fest, dass seine Kindheit schön war – auch wenn dies bei genauerem Hinsehen nicht stimmt. (Wer den Begriff „Inneres Kind" nicht kennt, findet ab Seite 91 ausführliche Informationen dazu.) Das heißt, der Betroffene meint und berichtet auch davon, dass er eine schöne Kindheit gehabt habe. Aber wenn er tiefer in sich dringt, stellt er fest, dass es da doch ein paar gravierende Probleme gab. Oder, was auch der Fall sein kann, er hat kaum Erinnerungen an seine Kindheit. Dies bedeutet, er hat sie verdrängt. Menschen, die eine wirklich schöne Kindheit hatten, können sich jedoch immer gut und detailreich an diese erinnern.

Wenn wir uns verändern wollen, ist es wichtig, unsere persönliche Prägung zu erkennen und die Denk- und Fühlmuster zu sehen, die sich daraus entwickelt haben. Wir entdecken die schmerzhaften Spuren, die unsere Kindheit in uns hinterlassen hat. Leicht kann es dann allerdings passieren, dass wir sehr wütend auf unsere Eltern werden, weil wir plötzlich sehen, was alles schieflief in der Erziehung und im Kontakt mit uns als Kind. Wenn diese Wut sehr groß wird und kein Ende abzusehen ist, kann kann es hilfreich sein, wenn wir uns vorstellen, was unsere eigenen Eltern wiederum mit ihren Eltern durchgemacht haben. Das Unglück wird oft durch die Generationen durchgereicht. Inzwischen ist die Gesellschaft so weit, sich für Psychologie, Pädagogik und Beratung aufzuschließen, und viele Menschen stoppen die Unglücksspirale, indem sie über sich und ihre Eltern reflektieren und bewusst beschließen, es in Partnerschaft und Kindererziehung anders und besser zu machen als die eigenen Eltern. Manche vertreten dann den Standpunkt, die eigenen Eltern hätten ja auch die Möglichkeit gehabt, sich und ihr Tun zu reflektieren und sich gegebenenfalls Hilfe und Beratung zu holen. Es ist natürlich völlig richtig, dass jeder Mensch voll verantwortlich für sein Handeln ist. Gleichwohl möchte ich als mildernden Umstand einführen, dass viele dieser Eltern aus einer traumatisierten Kriegsgeneration kommen, dass Psychologen und Psychologie bis heute nicht in allen Kreisen salonfähig sind und es früher noch viel weniger waren – und dass unser pädagogisches Wissen in den letzten 30 Jahren enorm gewachsen ist. Die eigenen Eltern hatten in vielen Fällen weniger Chancen als heutige Generationen, sich als Eltern neu zu erfinden.

Die sichere Bindung: Wie Urvertrauen entsteht

Wir kommen gebunden an die Nabelschnur auf die Welt und werden dann wortwörtlich „entbunden". Bindung und Entbindung verbleiben über die gesamte Lebensspanne existenziell wichtige Themen für uns. Der Bindungswunsch ist in uns genetisch programmiert und gleichzeitig ist unsere ganze Entwicklung darauf angelegt, immer selbstständiger und unabhängiger zu werden. Ob wir in späteren Jahren bindungsfähig sind, hängt davon ab, ob unser Gehirn Bindung aus den frühesten Kinderjahren mit „Sicherheit, Wärme und Geborgenheit" assoziiert oder wahlweise mit „Verlassenheit, Einsamkeit und Angst" oder mit „Nähe-Über-flutung und Vereinnahmung".

Das Überleben des Säuglings hängt davon ab, dass mindes-tens ein Mensch sich um ihn kümmert, also eine enge Bindung mit ihm eingeht, ansonsten stirbt er. Bindung ist also überlebens-notwendig. Dies ist der Grund, warum uns Bindungen auch noch im Erwachsenenalter so stark beschäftigen, berühren, glücklich machen oder auch tief verletzen oder gar töten können. Die Liebe bestimmt über unser ganzes Leben – von Anfang an. Im ersten Lebensjahr ist der Säugling also der Mutter mit sei-nen Bedürfnissen vollkommen ausgeliefert. Sie hat die Aufgabe, Unlust- und Stressgefühle wie Hunger, Durst, Kälte, Hitze, Unruhe und körperliche Beschwerden zu beseitigen. Neben die-sen existenziellen Bedürfnissen hat der Säugling aber auch einen Wunsch nach sozialem Kontakt und Nähe sowie einen starken Erkundungsdrang. Und je besser sich das kleine Menschenkind bewegen kann, desto stärker wird sein Erkundungsdrang. Sobald es selbstständig laufen kann, will es überall dran ziehen, schnup-pern, essen, auseinandernehmen, buddeln ...

Im günstigen Fall schwingen sich Mutter und Kind immer mehr aufeinander ein, das heißt, die Mutter versteht und akzeptiert im Großen und Ganzen, wann ihr Kind ihre Nähe und Zuwendung benötigt und wann es mal in Ruhe gelassen werden und „sein eigenes Ding" machen will. Hierdurch lernt das Kind, dass es Ein-fluss auf zwischenmenschliche Beziehungen nehmen kann und ihnen nicht einfach nur ausgeliefert ist. Wenn das Kind noch nicht sprechen kann, müssen die Eltern sich in das Kind einfühlen, um seine Bedürfnisse nach Nähe und nach Eigenständigkeit sowie seine leiblichen Bedürfnisse zu erkennen und zu respektieren. Deswegen gilt die elterliche Feinfühligkeit auch als das zentrale Kriterium für Erziehungskompetenz.

Wenn das Kind im ersten Lebensjahr die Erfahrung macht, dass seine Mutter da ist, wenn es sie braucht, und es auch mal in Ruhe lässt, wenn es für sich sein will, lernt es, sich auf die Mutter ver-lassen zu können. Die Mutter wird zur verlässlichen Quelle des Trostes und der Geborgenheit. Sie wird zur sicheren Basis, von der aus das Kind auch seine Wünsche nach Selbstständigkeit erfüllen kann, indem es sich anderen interessanten Menschen und Dingen in seiner Umgebung zuwendet. Durch das einfühlsame Handeln

der Mutter erwirbt das Kind Vertrauen in Beziehungen und eine
sichere Bindung an seine Mutter. Mit dieser geht auch das sogenannte *Urvertrauen* einher. Dieses Urvertrauen kann man als
Gefühl verstehen, in der Welt willkommen und angenommen zu
sein. Dieses Gefühl ist eine ganzkörperliche Erfahrung, weil die
Liebe und Zuwendung im ersten Lebensjahr vor allem über körperlichen Kontakt vermittelt wird – beim Füttern, Baden, Windeln
und Schmusen. Das Kind speichert also in seinem Körper ab, ob
es angenommen und geliebt wird oder nicht. Das Gefühl des
Angenommenseins und Vertrauens spürt das Kind ganzkörperlich
als ein Wohlbefinden und dieses wird als Lebensgefühl in das
erwachsene Dasein mit hineingenommen. Die Erinnerungs-
spuren dieser Zeit sind also tief in uns eingegraben, auch wenn sie
unseren bewussten Erinnerungen nicht zur Verfügung stehen.

Das Band der Liebe

Neben dem Urvertrauen findet jedoch noch ein weiterer Vorgang
im ersten Lebensjahr statt – oder eben auch nicht. Dieser Vorgang
wird fachsprachlich mit einem sterilen Begriff erfasst: der sogenannten Objektkonstanz. Objektkonstanz bedeutet, dass ein Kind
lernt, dass die Mutter auch da ist, wenn das Kind sie gerade nicht
sehen kann, zum Beispiel, weil sie sich in einem anderen Raum
aufhält. Das Kind verinnerlicht sozusagen das Bild der Mutter und
ist somit nicht mehr allein auf ihre körperliche und visuelle Präsenz angewiesen, um zu wissen, dass es sie gibt. Das Kind hat die
Mutter verinnerlicht, es trägt sie im Herzen. Das „mütterliche
Objekt" hat also eine konstante Repräsentation im kindlichen
Gedächtnis eingenommen, daher das Wort: Objektkonstanz. Es
ist vor allem dieses Gefühl, das als innere Bindung erlebt wird. Es
ist dieses warme und zumeist abrufbare Gefühl, das man auch als
Erwachsener für Menschen empfindet, die man liebt. Und um dies
zu spüren, braucht der oder die Geliebte nicht körperlich anwesend zu sein.

Bei Kindern, die in diesem Prozess stark gestört worden sind,
bildet sich diese Objektkonstanz nicht aus. Wenn ein Mensch
bereits im ersten Lebensjahr in seinen Bindungsbedürfnissen
schwer frustriert – man kann auch sagen, traumatisiert – wurde,
dann hat er auch als Erwachsener ein Problem damit, ein einiger-

maßen kontinuierliches Gefühl für einen Liebespartner zu empfinden. Die Betroffenen berichten, dass sie immer wieder das innere Bild vom Partner verlieren und diesen auch, wenn sie räumlich getrennt sind, über mehrere Tage vollkommen vergessen können. Ich hatte am Anfang des Buches schon einmal einen Betroffenen zitiert: „Meine Liebe für meine Freundin ist keine Gerade, sondern unverbundene Punkte im Raum." Dieser Mensch hatte einen schweren frühkindlichen Bindungsschaden.

Der Schwund von Liebesgefühlen, der plötzliche Gefühlstod, den Beziehungsängstliche so gut kennen und den ich bereits im vorigen Abschnitten beschrieben habe, hat allerdings – glücklicherweise – nicht zwangsläufig etwas mit einer fehlenden Objektkonstanz zu tun. In vielen Fällen ist die Störung leichterer Natur. Es sind bei vielen Betroffenen die starken Druckgefühle, die sich in einer nahen Beziehung einstellen, die ihre Liebe für den Partner – zumindest vorrübergehend – killen.

Die Themen, die in späteren Liebesbeziehungen eine Rolle spielen, sind also bereits im ersten Lebensjahr in uns angelegt und ziehen sich wie ein roter Faden durch die kindliche Entwicklung und so in unser Erwachsenenleben. Zum Beispiel das Gefühl, erwünscht zu sein, oder das Gefühl, unerwünscht zu sein. Ein konstantes Bindungsgefühl oder ein sporadisches Bindungsgefühl. Das Gefühl, Einfluss auf eine Beziehung nehmen zu können, oder das Gefühl, dem anderen einfach nur ausgeliefert zu sein. Das Gefühl, authentisch sein zu dürfen, oder das Gefühl, sich anpassen zu müssen. Schon Säuglinge weisen ein Gespür dafür auf, welches Verhalten bei ihren Eltern beziehungsweise bei ihrer Mutter erwünscht ist. So hat man Videoaufzeichnungen von sechs (!) Wochen alten Säuglingen gemacht, deren Mütter stark überfordert waren. Blickte die Mutter das Kind an, dann lächelte es (um die Mutter bei Laune zu halten), schaute die Mutter weg, nahm das Kind einen ganz verstörten, eingefrorenen Gesichtsausdruck an. Das sechs Wochen alte Kind hat sich also schon den Erwartungen seiner Mutter angepasst!, um – so erschütternd das ist – sein Überleben zu sichern. Säuglinge spüren instinktiv, dass die Mutter die Macht über Leben und Tod hat, und sie spüren auf einer tiefen Ebene, ob sie erwünscht sind (und leben dürfen) oder unerwünscht sind (und besser nicht da wären). Mit diesem Hintergrundwissen kann man sich leicht vorstellen, wie tief

Menschen in ihrer Bindungsfähigkeit und damit einhergehend auch in ihrem Lebenswillen verstört sein können.

Was Kinder brauchen

Nun ist das erste Lebensjahr zwar weichenstellend, aber natürlich haben die folgenden Lebensjahre auch einen großen Einfluss auf die Entwicklung eines Menschen. Es ist meistens so, dass sich Mütter beziehungsweise Eltern, die sich bereits im ersten Lebensjahr gut in ihr Kind einfühlen konnten, auch später eine gute Erziehungskompetenz aufweisen.

Selbstwert- und beziehungsfördernd ist ein Erziehungsstil, der die folgenden Botschaften der Eltern an das Kind enthält:

- Wir lieben dich grundsätzlich so, wie du bist – was nicht heißt, dass wir alle deine Verhaltensweisen gutheißen.
- Du musst dich nicht verbiegen, um unsere Erwartungen zu erfüllen – wir fördern dich nach deinem Potenzial und nicht nach unseren eigenen Wünschen.
- Du musst dich nicht übermäßig anpassen, um unseren Strafen zu entgehen. Natürlich erlauben wir dir nicht alles und du musst dich an gewisse Regeln halten, jedoch ist es dir erlaubt und sogar erwünscht, dass du einen eigenen Willen hast. Auf unserer Seite ist Verhandlungsbereitschaft. Du darfst Nein sagen, ohne Liebesentzug oder beängstigende Reaktionen von uns befürchten zu müssen. Wir werden deinem Willen zwar nicht immer nachgeben, aber du hast eine gute Chance, uns von deinem Willen zu überzeugen.

Der sicher gebundene Mensch und die Liebe

Durch diese gewährenden und liebevollen elterlichen Botschaften lernt das heranwachsende Kind, dass es so, wie es ist, grundsätzlich in Ordnung ist. Es lernt also, sich selbst zu akzeptieren. Dies schließt die eigenen Schwächen mit ein, was jedoch nicht bedeutet, dass man nicht an diesen arbeiten und sich verbessern will. Die eigenen Schwächen sind keine Quelle der Scham, sondern sie stellen eine Entwicklungsmöglichkeit dar.

Weiterhin lernt ein Kind mit verständnisvollen Eltern früh, dass es in dieses Leben eingreifen kann, weil die Eltern – in förderlichen Grenzen – den Willen des Kindes respektieren. Hierdurch lernt das Kind im positiven Sinne, dass es Macht hat. Kinder hingegen, deren Wille zu wenig beachtet wird, entwickeln eher ein Gefühl von Ohnmacht in Bezug auf ihre Mitmenschen. Sie trauen sich nicht oder nicht genug, ihren Willen und ihre Bedürfnisse zu äußern, aus Angst, nicht gehört oder abgewiesen zu werden. Sicher Gebundene haben hingegen schon als Kinder gesunde Konfliktstrategien erworben, weil aufseiten der Eltern Verhandlungsbereitschaft war. Als Erwachsene gehen sie eine Liebesbeziehung mit der inneren Grundeinstellung ein, dass sie Menschen sind, die es wert sind, geliebt zu werden, und zugleich das Recht auf eine eigene Meinung haben. Sie machen also die Erfahrung, dass Bindung und Autonomie sich nicht ausschließen. Sie finden eine gesunde Balance zwischen beiden Bedürfnissen und können sich als Erwachsene auf eine nahe Liebesbeziehung einlassen, weil sie keinen starken Anpassungsdruck verspüren. Sie haben gelernt, dass sie unter der Bedingung, authentisch zu sein, geliebt werden. Ihr inneres Programm lautet: Ich bin okay, du bist okay!

Dieses Vertrauen in sich selbst und in den Partner führt dazu, dass sicher gebundene Menschen sich der Liebe hingeben können, ohne einen Selbstverlust oder eine Beschädigung ihrer Seele zu erwarten.

In psychologischen Studien hat man herausgefunden, dass sicher Gebundene sich häufig als Partner finden und generell häufiger in Paarbeziehungen leben als unsicher gebundene Menschen. Sicher Gebundene geben sich als Partner mehr liebevolle und unterstützende Rückmeldungen als Kritik. Und sie gehen insgesamt zärtlicher miteinander um als unsicher Gebundene.

Die unsicheren Bindungsstile

Kinder, die mit ihren Müttern eher problematische Erfahrungen machen, entwickeln keine sichere, sondern eine *unsichere* Bindung an ihre Mutter. Dies kann entweder dazu führen, dass die Kinder sich zu viel an ihre Mutter klammern oder dass sie ihrer Mutter aus dem Weg gehen, also die Nähe zu ihr vermeiden. Deswegen unterscheidet man zwischen der *unsicher-anklammernden* und der *unsicher-vermeidenden* Bindung. In Bezug auf den Autonomie-Abhängigkeitskonflikt, den ich auf Seite 25 vorgestellt habe, bedeutet dies nichts anderes, als dass die innere Balance der anklammernd Gebundenen zugunsten der Abhängigkeit gestört ist und die der vermeidend gebundenen Menschen zugunsten der Unabhängigkeit und Autonomie.

Bevor ich auf die unsicheren Bindungsstile im Einzelnen eingehe, möchte ich ein paar zusammenfassende Bemerkungen machen:

Menschen, die als Kinder einen unsicheren Bindungsstil erworben haben, sei er anklammernd oder vermeidend, haben in der Regel Probleme mit ihrem Selbstwertgefühl. Ihnen fehlt es an Urvertrauen und an dem Gefühl der Sicherheit, dass sie auf menschliche Beziehungen Einfluss nehmen können. Zudem fühlten sie sich als Kinder durch das problematische Verhalten ihrer Mutter/Eltern nicht so angenommen, wie sie sind, weswegen sie auch in späteren Lebensjahren das grundlegende Gefühl haben, dass sie – so, wie sie wirklich sind – nicht liebenswert sind. Die Liebe der Eltern war bei diesen Kindern an Bedingungen geknüpft.

Im günstigen Fall waren diese Bedingungen für das Kind vorhersehbar und somit potenziell erfüllbar, wie beispielsweise: „Du musst fleißig sein und gute Noten nach Hause bringen." Im ungünstigen Fall variierten die Bedingungen mit der jeweiligen Laune und Tagesform der Mutter und/oder des Vaters und waren somit für das Kind wenig vorhersehbar und daher bedrohlich. Zumeist waren die Bedingungen aber sowieso nicht erfüllbar, wie: „Du musst immer lieb und artig sein!" oder: „Du darfst nicht wütend sein!" etc. In allen Fällen lautet die unterschwellige Botschaft dieser Eltern: „Wenn du willst, dass wir dich lieb haben, dann verhalte dich so, wie wir es von dir erwarten!" Oder im schlimmeren Fall: „Wenn du willst, dass es keinen Ärger gibt, dann ..." – von Liebhaben ist hier gar nicht die Rede. Die Kinder dieser Eltern werden also mit einem hohen Anpassungsdruck erzogen. Sie lernen: So, wie ich wirklich bin, hat man mich nicht lieb! Diese Kinder müssen häufig ihren eigenen Willen unterdrücken, um den Eltern zu gefallen und keinen Stress zu provozieren. Sie müssen „in der Spur laufen" und „funktionieren". Deswegen haben die betroffenen Kinder später als Erwachsene Probleme damit, mit den Erwartungen ihrer Mitmenschen an sie umzugehen. Dies führt entweder zu einer Überanpassung an die Wünsche der anderen oder zu einer radikalen Abgrenzung. Im ersten Fall sind diese Menschen sehr harmonieliebend und bestrebt, es allen recht zu machen. Sie zählen eher zu den abhängigen Naturen, die am Partner klammern. Im zweiten Fall reagieren die Menschen recht phobisch auf die Erwartungen ihrer Mitmenschen und tun bewusst und unbewusst viel dafür, um diese nicht zu erfüllen, weil sie sich auf keinen Fall von anderen Menschen dominieren lassen möchten wie damals von Mama und/ oder Papa. Dies sind häufig die Bindungsängstlichen. Weder die Anklammernden noch die Bindungsängstlichen haben es gelernt, sich auf eine angemessene Weise selbst zu behaupten. Der Selbstwert und die damit einhergehende geringe Konfliktfähigkeit sind das Epizentrum von Beziehungsstörungen.

Exkurs
Bindungsängstliche: tapfere Krieger!

Manche Leser meines Buches „Jein!" kritisieren, dass ich zu hart mit den Bindungsängstlichen ins Gericht ginge. Diese Kritik kann ich nachvollziehen. Inzwischen habe ich in meiner Praxis und in meinen Seminaren sehr viele Betroffene kennengelernt, die mir fast alle sehr sympathisch waren, sodass mein Blick auf sie sehr milde, um nicht zu sagen liebevoll geworden ist. So muss ich immer wieder feststellen, dass die meisten Bindungsängstlichen ziemlich coole Typen sind – Männer wie Frauen. Viele sind sehr erfolgreich im Leben (auch wenn sie das nicht unbedingt selbst so sehen), sie verdienen angenehm viel Geld, haben gute Freunde, sind sozial kompetent, originell und im positiven Sinne sehr autonom. Sie bekommen nämlich ganz viel auf die Reihe – außer eine gute Liebesbeziehung, in der sie sich sowohl geborgen als auch frei fühlen. Das kann bei ihren Lebensgeschichten allerdings nicht verwundern. Ich wundere mich eher, dass so viele trotz ihrer miserablen Kindheit noch so erfolgreich sind. Manchmal wundere ich mich sogar, dass sie ihre Kindheit überhaupt überlebt haben und ihre Kinderseele nicht vollkommen vereist ist. (Allerdings überleben es längst nicht alle. Selbstmorde im Erwachsenenleben stehen in vielen Fällen mit einer schwierigen Kindheit im Zusammenhang.) So wurden manche von ihren Eltern seelisch und/oder körperlich misshandelt. Aber auch in weniger dramatischen Fällen, wo die Eltern „nur" unterkühlt und wenig verständnisvoll waren, hatten sie als Kinder ein schweres Päckchen an Anpassungsdruck und Einsamkeit zu tragen. Neben den mangelnden emotionalen und pädagogischen Fähigkeiten mindestens eines Elternteils kam bei vielen noch die schlechte Ehe der Eltern als weitere Quelle des Unglücks hinzu.

Die Bindungsängstlichen haben es geschafft, durch diese Kindheit zu kommen. Hierfür mussten sie sich an die Bedingungen in ihren Elternhäusern anpassen. Ihre Anpassungsstrategien waren in ihrer Kindheit sehr sinnvoll, sogar überlebensnotwendig. Zum Beispiel, den Eltern nicht zu widersprechen, lieb und brav zu sein, sich möglichst in sich selbst zurückzuziehen. Sich möglichst von den Eltern fernzuhalten, ihnen nicht zu vertrauen. Oder: Die Eltern zu idealisieren und alle Schuld auf sich zu nehmen.

Bindungsängstliche sind also Kämpfernaturen, sie lassen sich so schnell nicht unterkriegen. Sie haben sich durch ihre Kindheit gekämpft, und auch noch als Erwachsene verteidigen sie ihre Unabhängigkeit und Freiheit. Sie wollen sich nie mehr so unterwerfen und sich nie mehr so abhängig fühlen wie damals bei Mama und Papa, nie mehr! Und sie können stolz auf sich sein, dass sie es so weit geschafft haben!

Erkennen Sie sich wieder? Dann gibt es auch für Sie eigentlich nur eine Sache, die Sie – beziehungsweise das Kind in Ihnen – noch verstehen muss: Der Krieg ist vorbei! Sie sind heute erwachsen! Das mit Mama und Papa war damals. Heute dürfen Sie authentisch sein, Sie dürfen und können sich wehren und Sie dürfen auch mal Ihrem Partner vertrauen. Das Risiko zu scheitern ist heute wesentlich geringer als bei Ihren Eltern. Wenn Sie sich also auf Ihren Partner wirklich einließen, wäre das Schlimmste, was Ihnen passieren könnte, dass die Beziehung trotzdem scheitert –

aber Sie würden das überleben, bitte glauben Sie mir. Und wenn Sie so weitermachen wie bisher, scheitert die Beziehung sowieso beziehungsweise werden Sie immer nur an Partner geraten, mit denen es irgendwie ziemlich kompliziert wird. Oder jene, die sich gar nicht trauen, einen Menschen nah an sich herankommen zu lassen, werden allein bleiben.

Sie werden jedoch Ihren Selbstschutz, der Sie ein Leben lang begleitet hat, nicht aufgeben, solange Sie nicht einen anderen, möglichst besseren Schutz installieren können. Wie Sie Ihre alten Strategien loswerden und neue, funktionsfähige und liebeskompatible Schutzstrategien entwickeln können, werde ich Ihnen im dritten Abschnitt dieses Buches („Wie kann ich meine Bindungsangst loswerden?") noch genau erklären.

Mama, wo bist du? Die vermeidende Bindung

Menschen, die das vermeidende Bindungsmuster verinnerlicht haben, lernten als Kinder, Abstand zu ihren Eltern zu halten. Die Eltern dieser Kinder waren gestresst, kühl und wenig verständnisvoll. In manchen Fällen auch misshandelnd, demütigend und sarkastisch. Deswegen haben die Kinder früh beschlossen, den Eltern möglichst nicht zur Last zu fallen, um sie nicht noch mehr zu stressen. Folglich gehen sie ihren Eltern lieber aus dem Weg. Und wenn sie ihnen begegnen, funktionieren sie reibungslos, um sie nicht zu reizen. Der Abstand zu den Eltern bedeutet für diese Kinder mehr innere und äußere Sicherheit als die Nähe zu ihnen.

Allerdings müssen die Kindheitsbedingungen nicht sehr dramatisch sein, um einen vermeidenden Bindungsstil zu erwerben. Es reicht auch, dass man sich von seinen Eltern nicht richtig verstanden gefühlt hat, die Eltern etwas zu streng oder auch etwas zu nachlässig waren. Wie ich bereits erwähnt habe, hängt es ja auch vom angeborenen Gemüt des Kindes ab, was es genau benötigt, um eine sichere Bindung zu den Eltern zu entwickeln. Bei einer sensiblen Veranlagung reichen vergleichsweise wenige Stressoren, damit das Kind sich verschließt und in sich zurückzieht. Es können also auch relativ normale Kindheiten zu einem vermeidenden Bindungsstil führen. Bei einem Klienten war es beispielsweise so, dass er eine sehr liebevolle und unterstützende Mutter hatte und sein Vater sich zwar nicht so besonders um die Kinder gekümmert hat, aber davon abgesehen ihnen auch nichts Schlimmes angetan beziehungsweise sie in wichtigen Angelegenheiten auch unterstützt hat. Allerdings haben sich seine Eltern, als er vier Jahre alt war, getrennt und in derselben Zeit hatte seine Mutter Brustkrebs. Der Klient hat als Kind die Erkrankung seiner Mutter voll mitbekommen und starke Verlustangst entwickelt, die durch die Trennung der Eltern noch verstärkt wurde. Er selbst konnte dies als Erwachsener aber nur verschwommen erinnern, er hatte also keinen wirklichen Bezug mehr zu den Ereignissen. Sein Wissen bezog er aus den Erzählungen seiner Mutter. Hinzu kam, dass sein Vater auch sehr bindungsängstliche Züge hatte, ihm also kein gutes männliches Vorbild in Sachen Beziehungen war. Durch diese Umstände hatte der Klient tiefe Verlustängste entwickelt, ohne dass er sich bewusst an schlechte Elternbeziehungen hätte erinnern können.

Die Kindheit muss also kein Fall fürs Jugendamt gewesen sein, um in einem Menschen Bindungsängste auszulösen. Und umgekehrt gibt es ja auch die sogenannten unverletzbaren Kinder (man geht von circa 10 Prozent aus), die sich trotz erbärmlichen Erziehungsversagens ihrer Eltern zu Menschen mit „normaler" Psyche und Bindungsfähigkeit entwickeln.

Ängstliche und gleichgültige Vermeider

Die vermeidende Bindung unterteilt sich nochmals in die „ängstliche" und die „gleichgültige" Vermeidung. Die ängstlichen Bindungsvermeider spüren als Erwachsene ihre Angst sehr deutlich: Sie haben große Angst, den Partner zu verlieren, wenn sie sich wirklich auf die Beziehung einließen. Die gleichgültigen Vermeider hingegen verspüren – zumindest vordergründig – eher eine gewisse Gleichgültigkeit in Bezug auf das Thema Partnerschaft.

Der ängstlich-vermeidend gebundene Mensch und die Liebe
Die ängstlich-vermeidend gebundenen Menschen, verspüren tatsächlich Bindungsangst. Je näher ihnen der Partner kommt und je glücklicher sie werden, desto lauter wird ihre Verlustangst beziehungsweise ihre Angst, auf Ablehnung zu stoßen. Sie können sich

nämlich nicht vorstellen, dass die Liebe ein Happy End für sie bereithält. Ihre innere Überzeugung lautet: „Ich bin nicht okay und du bist nicht okay!" Deswegen sind sie davon überzeugt, dass sie früher oder später verlassen werden. Zumindest, wenn sie sich so zeigen würden, wie sie *wirklich* sind. Denn sie mussten als Kinder „funktionieren", sich den Erwartungen ihrer Eltern anpassen. Ihre Eltern straften häufig durch Liebesentzug. Hierdurch haben sie gelernt, dass sie nur für die Eigenschaften geliebt werden, die von den Eltern erwünscht waren, und andere Eigenschaften, wie zum Beispiel ein eigener Wille, eigene Bedürfnisse oder Gefühle wie Wut und Trauer unerwünscht sind. Deswegen ist tief in ihnen eingebrannt, dass ihnen die Liebe entzogen wird, wenn sie in einer Liebesbeziehung authentisch sind, sie sich selbst behaupten oder auch streiten.

Dieses innere Programm: „Ich darf nicht ich selbst sein, wenn ich will, dass du mich liebst!", bestimmt auch als Erwachsene ihre innere Haltung zu Liebesbeziehungen. Sie verstellen sich für den Liebsten, passen sich an – und empfinden zugleich den starken Druck und Zwang, dass sie dies tun müssten, damit der Partner sie nicht verlässt.

Menschen, die als Kinder nicht unter der Distanz ihrer Eltern, sondern unter zu viel Nähe litten, empfinden einen ganz ähnlichen Erwartungsdruck, wenn eine Beziehung enger wird. Beide können sich schlecht gegen die echten und vermeintlichen Ansprüche und Erwartungen ihrer Partner innerlich abgrenzen und benötigen deswegen rigide äußere Grenzen. Sie brauchen viel Freiraum, weil sie sich am wohlsten fühlen, wenn kein potenzieller Erwartungsträger in der Nähe ist. Nur dann meinen sie nämlich, sie selbst sein zu dürfen.

Sobald die Verlustängstlichen merken, dass sie irgendwie zu abhängig von ihrem Partner werden, was sowohl ihre Verlustangst triggert als auch ihren Anpassungsdruck erhöht, retten sie sich in die Freiheit und Unabhängigkeit. Hier greifen sie auf die Strategien zurück, die ich im Abschnitt „Flucht, Angriff, Totstellen" beschrieben habe, oder sie beenden die Beziehung. Dies ist der Grund, warum in bindungsängstlichen Beziehungen häufig dann Schluss gemacht wird, wenn die Beziehung gerade am schönsten ist.

Menschen mit einer ängstlich-vermeidenden Bindung befinden sich in einem sogenannten Annäherungs-Vermeidungskonflikt. Sie haben einerseits einen starken Bindungswunsch, der sie in die Arme eines Partners treibt, auf der anderen Seite sorgen ihre Verlustangst und der Anpassungsdruck dafür, dass sie wieder flüchten, sobald es ihnen zu nah wird. Einige verspüren jedoch auf bewusster Ebene weder Verlustangst noch Anpassungsdruck. Stattdessen empfinden sie eher eine diffuse Beklommenheit, die sie als Freiheitswunsch deuten. Und/oder ihre Liebe stirbt einen plötzlichen Gefühlstod und ihr „George Clooney" mutiert zum „Glöckner von Notre Dame" oder ihre „Märchenprinzessin" verwandelt sich in ein „Mängelexemplar". Aufgrund ihrer versteckten Ängste können sie ihre verliebten Gefühle zumeist nicht stabil halten, sobald die Beziehung in eine Phase der Verbindlichkeit gerät.

Der gleichgültig gebundene Mensch und die Liebe
Menschen, die dieses Bindungsmuster entwickeln, kommen nicht nur aus traurigen Kindheiten, sondern man vermutet auch eine genetische Veranlagung zu einer hohen Rationalität. Diese rationale Seite leistet einer gewissen Gefühlsarmut Vorschub. Dieser Anlagefaktor wurde durch verständnislose Eltern verstärkt. Hierdurch haben sie bereits als kleine Kinder gelernt, wenig zu fühlen, damit sie möglichst wenig leiden. In ihrer Kindheit war dies also ein sehr sinnvoller, wenn nicht gar überlebenswichtiger Selbstschutz. Hierdurch haben sie jedoch wenig Kontakt zu ihren Gefühlen erworben. Dies macht sie in gewisser Weise auch etwas gleichgültig gegenüber ihrem eigenen Leben. Ihre Grundeinstellung lautet: „Ich bin mir egal, du bist mir egal!" Viele von ihnen sind in ihrem Bindungswunsch und ihrem Lebenswillen als Kinder tief verstört worden. Sie hängen nicht sehr am Leben – der Tod hat für sie eher etwas Tröstliches als Erschreckendes. Sie verspüren wenig Motivation, an sich und ihren Beziehungen etwas zu verändern. Sie haben wenig Leidensdruck. Ihnen fehlen die emotionalen Ausschwünge nach unten wie nach oben. So wie sie es als Kinder gelernt haben, „funktionieren" sie auch als Erwachsene leidenschaftslos. Gefühlsimpulse, die ihre frühesten kindlichen Urängste von totaler Verlassenheit und Isolation auslösen könnten, spalten sie reflexartig und unbewusst ab. Einsamkeit und Angst, beides Dauermieter in ihrem Unterbewusstsein, dringen nicht in

die Zone der bewussten Wahrnehmung ein. Neurologische Studien haben gezeigt, dass Menschen mit diesem Bindungsstil ein sehr hohes emotionales Erregungsmuster aufweisen, wenn sie in emotional stressige Situationen – wie beispielsweise die Trennung von einem wichtigen Menschen – geraten. Diese Erregung wird jedoch sofort blockiert, bevor sie in die Hirnregion der bewussten Wahrnehmung weitergeleitet werden kann. Die Gleichgültigen spüren ihre Ängste also nicht mehr. Dies gibt ihnen gewissermaßen ein Gefühl der Unverwundbarkeit. Außerdem sind sie durch ihre geringen Gefühlsausschläge – so paradox es klingt – psychisch recht stabil.

Wenn ein gleichgültig Gebundener überhaupt über einen längeren Zeitraum eine Liebesbeziehung eingeht, errichtet er mit diversen Strategien, die ich unter der Überschrift „Flucht, Angriff, Totstellen" vorgestellt habe, eine quasi uneinnehmbare Schutzmauer um sich herum. Diese Menschen fallen auch immer wieder in emotionale Funklöcher, erliegen also dem Totstellreflex. Zudem mangelt es ihnen häufig auch an der sogenannten Objektkonstanz, es fällt ihnen also schwer, ein konstantes Bild von ihrem Partner in sich zu beheimaten. Die Partner spüren diese Gefühlsarmut oft recht deutlich und sie löst in ihnen Gefühle der Einsamkeit und Verlustangst aus – also genau jene Gefühle, die der Gleichgültige selbst nicht fühlen möchte und abspaltet. Sein Selbstschutz bewirkt letztlich, dass er sich nur partiell und sporadisch mit seinem Partner innerlich verbindet.

Für den Partner ist der Gleichgültige deshalb ein „harter Brocken". Oft erscheint es so, als wäre er beratungs- und veränderungsresistent. Dies stimmt aber nicht. Gleichgültige, die bemerken, dass sie solche sind, weil sie beispielsweise mein Buch „Jein!" gelesen haben, kommen in meine Praxis und zu meinen Seminaren. Und auch ihnen kann geholfen werden!

Abschließend möchte ich noch erwähnen, dass man vielen Gleichgültigen nicht anmerkt, wie verstört sie im tiefsten Inneren sind. Sie sind oft beruflich erfolgreich und wirken auch im Kontakt nicht so unlebendig, wie sie sich fühlen. Im Gegenteil, sie können ausgesprochen cool und lässig rüberkommen, witzig und sozial gewandt sein. Nicht selten gehen sie jedoch mit ihrer beständigen Betriebsamkeit ihrer Umgebung auf die Nerven. Sie brauchen immer etwas zu tun und sind mit ihrer Aufmerksamkeit fast immer im Außen. Diese Geschäftigkeit hilft ihnen, innere Gefühle der Leere und Einsamkeit zu übertönen.

Wie ist Mama heute gelaunt? Die anklammernde Bindung

Menschen, die einen anklammernden Bindungsstil erwerben, haben oft Mütter/Eltern, die in ihren Launen wenig vorhersehbar sind. Die Mutter ist mal liebevoll und einfühlend, dann wieder zurückweisend, kalt oder wütend. Das Kind kann schwer einschätzen, wie sich die Mutter in einer bestimmten Situation verhalten wird. Es ist deswegen ständig damit beschäftigt, die Stimmung seiner Mutter einzuschätzen und zu erspüren, was sie von ihm erwartet, was sie braucht, damit sie sich liebevoll verhält oder wenigstens nicht straft. Diese Kinder entwickeln feinste Antennen für die Stimmung der Mutter und ordnen sich ihren Erwartungen unter. Das Interesse dieser Kinder für ihre Umgebung ist eingeschränkt – anders als bei sicher gebundenen Kindern ist die Mutter keine sichere Basis, von der aus sie sich vertrauensvoll weg bewegen können. Sie behalten die Mutter lieber im Blickfeld, um deren Stimmungslage erfassen zu können. Diese Kinder entwickeln deshalb eine geringe Fähigkeit zur Autonomie und Eigenständigkeit und stattdessen ausgeprägte Abhängigkeitsgefühle. Das Selbstwertgefühl dieser Kinder ist niedrig, weil sie sich – wie alle Kinder – selbst die Schuld für die Stimmungsschwankungen der Mutter geben. Sie haben ständig das Gefühl, es der Mutter einfach nicht recht machen zu können. Die Mutter hingegen stellen sie auf ein Podest – wenn Kinder sowieso schon ihre Eltern idealisieren, dann tun das diese Kinder ganz besonders. Hierdurch entwickeln sie ein inneres Programm, das mit „Ich bin nicht okay, aber du bist okay!" zusammengefasst werden kann.

Allerdings möchte ich noch erwähnen, dass es auch Kinder mit wenig berechenbaren Müttern/Eltern gibt, die keine anklammernde, sondern zum Selbstschutz eine vermeidende Bindung entwickeln, die im vorigen Absatz dargestellt wurde. Das elterliche Erziehungsverhalten und der Bindungsstil des Kindes lassen sich nicht eins zu eins herleiten, weil hier zu viele Faktoren, wie die gesamtfamiliäre Konstellation und das angeborene Gemüt des Kindes, eine Rolle spielen.

Der anklammernd gebundene Mensch und die Liebe
Die Programmierung: „Ich bin nicht okay, aber du bist okay!" führt dazu, dass diese Menschen ständig damit beschäftigt sind, die Zustimmung und Anerkennung anderer Menschen zu erlangen. Sie sind permanent auf Empfang geschaltet für die unausgesprochenen Erwartungen ihrer Mitmenschen und erfüllen diese in vorauseilendem Gehorsam. Sie suchen sich häufig Partner, die sie – wie früher die Eltern – nicht gut behandeln. Und es fällt ihnen sehr schwer, sich aus einer unglücklichen Beziehung zu lösen. Sie führen die schlechte Beziehungsqualität gewohnheitsmäßig auf eigenes Versagen zurück: „Wäre ich irgendwie besser und richtiger, dann würde mein Partner mich mehr lieben und besser behandeln!" Zudem merken sie oft gar nicht, dass sie schlecht behandelt werden, weil es ja schon immer so war. Ihnen fehlt also teilweise die Bewusstheit, dass das Benehmen ihres Partners nicht in Ordnung ist.

Ein weiterer Grund, weshalb sie sich schlecht lösen können, ist, dass sie meinen, ohne einen Partner nicht leben zu können. Aufgrund ihrer Kindheitsprägung haben sie wenig autonome Fähigkeiten erworben. Bildlich gesprochen, haben sie Angst, die Hand der Mama loszulassen und auf eigenen Füßen zu stehen. Sie benötigen den Partner als Halt von außen und wähnen in ihm den Erretter. Der Partner hat den Auftrag, ihre Probleme zu lösen und Verantwortung für ihr Glück zu übernehmen. Hinzu kommt, dass sie sich nicht nur schlecht von ihrem Partner, sondern auch von ihrer Mutter/Eltern lösen können, sodass sie zwischen ihren Eltern und ihrem Partner einen Spagat machen, um möglichst die Zustimmung von allen zu erhalten.

Anders als die vermeidend Gebundenen, die sich in der Unabhängigkeit sicher fühlen, macht den Anklammernden die Unabhängigkeit Angst. Sie fühlen sich am sichersten in der Abhängigkeit.

Um ihrem Partner möglichst nah zu sein, sind sie stets auf Harmonie und Ausgleich bedacht. Schon als Kinder haben sie trainiert, eigene Bedürfnisse und einen eigenen Willen zu unterdrücken, um sich an die Wünsche ihrer Eltern anzupassen. Hierdurch haben sie einen brüchigen Kontakt zu ihren Gefühlen und ihren Wünschen erworben. Dies hat zur Folge, dass sie unsicher sind, wer sie eigentlich sind und was sie wollen.

Dies hat jedoch den „Vorteil", dass sie sich ihrem Partner geschmeidiger anpassen können, weil kaum Widerstand in Gestalt eines eigenen Willens besteht. Dafür unterdrücken sie nicht nur ihre eigenen Gefühle, sondern sie idealisieren ihren Partner auch – so wie früher ihre Eltern. Das macht die anklammernden Naturen willfährig und dienstbereit. Sie verklären ihre Partner und/oder verdrängen, wie unmöglich er sie tatsächlich behandelt. Dies führt dazu, dass sie nicht nur Konflikte scheuen, sondern einen Konflikt als solchen häufig gar nicht erkennen.

Allerdings sind es nicht nur die „unmöglichen" Partner, die die Beziehungen mit den Klammeräffchen schwierig machen, sondern auch die anklammernde Unselbstständigkeit der Betroffenen selbst. Auch einem netten, bindungswilligen Partner kann irgendwann die Luft ausgehen, wenn der Anklammernde sich ihm wie ein Ertrinkender an den Hals wirft und ständig Zuwendung und Bestätigung benötigt. Anklammernde vereinnahmen ihre Partner durch ihre große Bedürftigkeit. Diese Vereinnahmung kann zu einer Belagerung ausarten, wenn der Anklammernde Panikattacken entwickelt. Ihre gefühlte Unselbstständigkeit kann sich nämlich zu Angstanfällen ausweiten, allein das Haus zu verlassen, Auto zu fahren, sich in enge Räume oder auf weite Plätze zu begeben. Der Partner ist dann ständig gefordert, als Life- und Bodyguard zur Stelle zu sein.

Menschen mit einem anklammernden Bindungsstil vereinen in sich Persönlichkeitseigenschaften, die eigentlich sehr liebenswert sind. Von der Wesensveranlagung sind sie besonders warm und gemütvoll. Sie weisen ein gutes Einfühlungsvermögen und ein geringes Aggressionspotenzial auf. Aufgrund ihrer zarten Veranlagung müssen ihre Kindheiten – so wie bei den unsicher Gebundenen – noch nicht einmal besonders dramatisch verlaufen sein, um diesen Bindungsstil zu entwickeln. Einige von ihnen kommen auch aus liebevollen, aber überbehütenden Elternhäusern, in denen häufig die eigene Mutter ebenfalls einen anklammernden Bindungsstil hatte, den das Kind dann übernommen hat. Auf Mütter/Väter mit einem anklammernden Bindungsstil gehe ich im nächsten Abschnitt ein.

Mama, du brauchst mich zu sehr!
Bindungsangst aus Nähe-Überflutung

Auch Mütter, die ihr Kind zu viel verzärteln und es zu stark an sich binden, die also einen anklammernden Bindungsstil aufweisen, schwächen den Selbstwert des Kindes. Durch die erdrückende Liebe der Mutter wird das Kind zu wenig in seiner Selbstständigkeit gefördert. Die Mütter – oder beide Eltern – dieser Kinder haben Angst, dass das Kind sich zu weit von ihnen entfernen könnte. Sie brauchen es, um ihre eigenen Bedürfnisse nach Nähe zu stillen. So übersehen sie schon häufig die Signale ihres Säuglings, wenn dieser halt mal nicht gekuschelt werden will, sondern seine Ruhe haben möchte. Zu besonders schwierigen Beziehungen kann es kommen, wenn das Kind – ganz anders als die Mutter – schon mit einem relativ geringen Kuschelbedürfnis auf die Welt kommt. Diese Kinder fühlen sich von ihrer Mutter besonders bedrängt – und die Mutter fühlt sich von ihrem distanzierten Kind oft gekränkt.

Auch in späteren Entwicklungsjahren erleben diese Mütter Bestrebungen des Kindes nach Selbstständigkeit und Eigenleben als persönliche Zurückweisung. Die Mutter reagiert traurig und enttäuscht, wenn das Kind sich von ihr entfernt. Dies wiederum löst im Kind starke Schuldgefühle aus und es kommt „freiwillig" zurück. Manche Mütter stellen auch offene Forderungen und sprechen Verbote aus, um das Kind in die exklusive Zweisamkeit zu drängen. Andere agieren mit einer Mischung aus beiden Maßnahmen. So oder so lernt das Kind, dass es sich nicht von seiner Mutter entfernen darf, ohne dass diese mit Enttäuschung oder Ärger reagiert. Sie sind also genötigt ihre Bedürfnisse nach Freiheit und Autonomie zu unterdrücken, um dem mütterlichen Nähebefehl Folge zu leisten. Deshalb können diese Kinder nur begrenzt lernen, ihre eigenen Bedürfnisse wahrzunehmen und auszudrücken. Sie müssen sich der Mutter anpassen und können sich nicht selbst behaupten. Die Unterdrückung der eigenen Wünsche in Verbindung mit der geringen Fähigkeit, sich für die eigenen Wünsche und Bedürfnisse einzusetzen, führt zu einem schwachen Selbstbewusstsein.

Eine bedürftige Mutter kann in ihrem Kind sehr unterschiedliche Bindungsstile auslösen. Wie bindungsfähig das Kind letztlich wird, hängt auch maßgeblich davon ab, ob es noch weitere enge Bezugspersonen – wie beispielsweise einen Vater – hat, auf den es ausweichen kann. Fördert der Vater die Selbstständigkeitsentwicklung seines Kindes, dann ist die Reichweite des mütterlichen Gängelbandes entsprechend kürzer. Hat das Kind hingegen wenig Ausweichmöglichkeiten, kann es zu einer lebenslangen Über-Bindung an die Mutter kommen. So wie die belächelten Mama-Söhnchen, die der Mutter fast wie in einer Art eheähnlichen Gemeinschaft treu verbunden sind. Sie geraten in einen Loyalitätskonflikt, wenn eine andere Frau als die eigene Mutter einen Platz in ihrem Leben einnimmt. Andere ziehen zwar offiziell aus der mütterlichen Wohnung aus und heiraten, aber die Mutter steht irgendwie zwischen den Eheleuten. Sie kann nicht loslassen, kontrolliert, mischt sich ein. Der konfliktscheue Sohn schafft es dann nicht – genauso wie es in seiner Kindheit auch war – der Mutter ihre Grenzen aufzuweisen. Er will es Ehefrau und Mutter recht machen und macht es mithin keiner recht.

Die Übermutter kann beim Kind aber auch zu einem trotzigen Widerstand und einem gleichgültig-vermeidenden Bindungsstil führen. In jüngeren Jahren verschwindet das Kind dann quasi in sich selbst, um sich vor der Nähe-Überflutung zu beschützen. Es lernt früh, innere Mauern gegen die Liebesinvasion hochzuziehen, indem es „offline" geht, die inneren Schotten dicht macht, sich in sich selbst zurückzieht (Stichwort: Totstellreflex). In der Pubertät kommt es zu heftigen Konflikten mit der Mutter und der Jugendliche zieht radikal sein Ding durch. Diese Menschen sind als Erwachsene häufig bindungsängstlich, weil sich in nahen Liebesbeziehungen das Erstickungsgefühl alter Kindertage einstellt. Sie leiden stark unter Gefühlen der Nähe-Überflutung.

Abschließend möchte ich noch erwähnen, dass nicht nur Mütter, die ihre Kinder aktiv vereinnahmen, bei Kindern den Impuls auslösen können, für die Mutter Verantwortung zu übernehmen, sondern auch Mütter, die einfach nur schwach und gestresst wirken, gesundheitliche Sorgen haben oder die unter ihrem Ehemann leiden. Das Kind hat Mitleid mit der Mutter und möchte dafür Sorge tragen, dass es ihr gut geht, indem es der Mutter möglichst viel Freude und möglichst wenig Kummer bereitet. Es ordnet seine Wünsche und Bedürfnisse freiwillig jenen der Mutter unter, ohne dass diese von sich aus besonders fordernd wäre – hier genügt es bereits, wenn die Mutter die hohe Verantwortung, die das Kind für sie übernimmt, nicht ablehnt, um ein gestörtes Bindungsverhalten im Kind zu provozieren.

Der näheüberflutete Mensch und die Liebe

In einer Liebesbeziehung fühlen sich diese Menschen schnell eingeengt. Sie leiden nicht so sehr unter Verlustangst als vielmehr unter subjektiven Gefühlen der Nähe-Überflutung und Vereinnahmung. Ihre inneren Grenzen sind schwach, weil sie durch die mütterliche Bedürftigkeit gelernt haben, sehr viel Verantwortung für Mutter/Vater zu übernehmen. Dieses Muster übertragen sie in die Liebesbeziehung und fühlen sich ständig verantwortlich für den Partner, dessen Stimmung und sein Wohlbefinden. Sie haben der Mutter zum Preis des Selbstverlustes gedient, und genau dieses Gefühl – sich selbst zu verlieren – verspüren sie schnell in ihren erwachsenen Liebesbeziehungen. Sie meinen, zu 100 Prozent verantwortlich für das Wohlbefinden ihres Partners zu sein. Bei ihren Eltern haben sie gelernt, dass ihre Wünsche nach Selbstbestimmung und Autonomie nicht in Ordnung sind. In ihren Gehirnen hat sich also die Formel „Liebe = Vereinnahmung" eingebrannt. Liebe bedeutet für sie in erster Linie Verpflichtung. So auch die Verpflichtung, den Partner zu lieben. Die mütterliche Liebe war kein Geschenk, sondern ein wechselseitiger Vertrag. Bei manchen gehen diese Verpflichtungsgefühle so weit, dass ihre Gefühle in dem Augenblick erlöschen, wenn jemand sie liebt. Sie können ausschließlich unter der Bedingung Verliebtheit und Liebe empfinden, dass sie nicht – zumindest nicht sicher und konstant – zurück geliebt werden. Sobald ein potenzieller Partner etwas für sie empfindet, spüren sie die Verpflichtung, diese Liebe ein Leben lang (!) zu erwidern, und das führt sie in den unmittelbaren Gefühlstod. Die Überzeugung, wenn ich einmal Ja sage, dann darf ich nie wieder Nein sagen, ist nämlich auch eine typische, häufig unbewusste Grundeinstellung von Bindungsängstlichen. So hat die Mutter ihnen ja bedeutet, dass sie sich *niemals* von ihr trennen dürfen. Von daher leiden insbesondere die Näheüberfluteten in einer Liebesbeziehung unter dem Gefühl, „an Ketten zu liegen".

Weil die Näheüberfluteten also innerlich kein Recht verspüren, in einer Liebesbeziehung eigenständige Entscheidungen zu treffen, müssen sie sich umso härter äußerlich abgrenzen. Paradoxerweise mündet ihr Verpflichtungsgefühl meistens in einer notorischen Verweigerungshaltung. Weil sie ihre Elternbeziehungen auf ihren Partner projizieren, fühlen sie sich mit ihm nicht auf Augenhöhe. Erwartungen und Wünsche des Partners werden durch diesen Höhenunterschied wie Befehle wahrgenommen. Hierdurch fühlen sie sich bevormundet und kämpfen um ihre Autonomie und Selbstbestimmung, indem sie sich verweigern – meistens mit Strategien der passiven Aggression (siehe dazu auch Seite 37).

Die Näheüberfluteten fühlen sich eigentlich nur authentisch und frei, wenn ihr Partner nicht im selben Raum ist. Nur dann stoppt ihr Programm, es ihm in jeder Hinsicht recht machen zu müssen. Zudem können sie im Alleinsein einen besseren Kontakt zu sich selbst herstellen, weil sie dann ihre Antennen einfahren können. Deswegen legen sie sehr viel Wert auf ihre persönliche Freiheit und laufen nach intensiven Momenten der Nähe immer wieder davon.

Mama, du nervst! Bindungsangst aus Trotzverhalten

Es gibt Eltern, denen es leichtfällt, mit den Nähe- und Abhängigkeitsbedürfnissen ihres Kindes umzugehen. Sie kümmern sich liebevoll um ihr Baby. Das Kind entwickelt somit in den ersten zwei Lebensjahren eine sichere Bindung an sie. Die Probleme dieser Kinder fangen an, wenn sie selbstständiger werden und in das sogenannte Trotzalter kommen. Dies ist circa vom zweiten bis zum vierten Lebensjahr der Fall. Im Trotzalter erreicht die Autonomieentwicklung eines Kindes einen ihrer Höhepunkte. Um sich gegen seine Eltern zu behaupten, benötigt das Kind die sogenannte Trennungsaggression. Mit Hilfe dieser verwehrt es sich wütend gegen mütterliche Eingriffe, schreit beispielsweise: „Du bist doof!", „Lass mich in Ruhe!" Und immer wieder: „Ich will!" und: „Ich will nicht!" Das Trotzalter ist also die Phase, in der das Kind mit Begeisterung seinen eigenen Willen erprobt und im günstigen Fall feststellt, dass es Macht und Einfluss auf das elterliche Verhalten hat.

Nun gibt es aber Mütter und Väter, die auf diese Willensbekundungen ihrer Kinder mit persönlicher Kränkung reagieren und/oder die einen hohen Machtanspruch aufweisen. Sie nehmen die Abgrenzungsbemühungen und Trotzanfälle ihres Kindes zu persönlich oder meinen grundsätzlich, dass Kinder sich den Eltern unterzuordnen hätten. Anfang und Mitte des letzten Jahrhunderts war es geradezu gesellschaftlicher Konsens, dass Kinder sich keinen eigenen Willen erlauben durften. „Kinder mit 'nem Willen kriegen was auf die Brillen ..." war so ein Spruch, der diese Erziehungshaltung pointierte.

Eltern, die den Willen des Kindes zu sehr bezwingen und dem Kind zu wenig Freiraum für seine eigenen Entscheidungen belassen, lösen in ihm Ohnmachtsgefühle aus. Bindungsängstliche beklagen häufig, dass sie als Kinder einem Übermaß an Gängelei und Bevormundung durch mindestens einen Elternteil ausgesetzt waren. Als Erwachsene hassen sie jegliche Form der Bevormundung, womit wir wieder bei der Ganzkörper-Allergie gegen partnerschaftliche Erwartungen der Bindungsängstlichen wären. Bindungsängstliche wittern in ihren Liebesbeziehungen überall Erwartungen, die sie unbewusst mit der Bevormundung und Kontrolle ihrer Eltern gleichsetzen. Weil sie sich dem Willen ihrer Eltern beugen mussten, also viel Ohnmacht erfahren haben, weisen sie als Erwachsene ein umso höheres Machtmotiv auf. Es muss unbedingt nach ihrem Willen gehen – Erwartungen des Partners lösen in ihnen massiven Widerstand aus. Dies ist auch der Grund, warum Bindungsängstliche die Alleinherrscher über Nähe und Distanz in Beziehungen sind. Sie allein wollen bestimmen, wann ihnen der Partner nahe kommen darf. Ihre Grenzen sind durch ihre Eltern so stark verletzt worden, dass sie die Erwartungen und Ansprüche ihrer Partner nach Verbindlichkeit und Nähe leicht als Grenzverletzung erleben, auf die sie mit passiver oder aggressiver Aggression reagieren. Sie agieren in Liebesbeziehungen also sehr ähnlich wie die Näheüberfluteten (siehe vorige Abschnitte).

Mama und Papa, hört auf zu streiten!

Eine weitere Ursache für Bindungsängste kann die schlechte Beziehung der eigenen Eltern sein. Die Scheidungsforschung hat belegt, dass Kinder, die in sehr zerstrittenen Elternhäusern auf-

wachsen oder in Elternhäusern, in denen zwischen den Eltern ein
sehr kaltes Klima herrschte, als Erwachsene häufig Probleme in
Partnerschaften und Beziehungsängste haben. Auch wenn die
Eltern-Kind-Beziehung hinreichend liebevoll war, können Kinder,
die in einer permanenten Streitfront zwischen ihren Eltern auf-
wachsen, für sich verinnerlichen, dass Liebesbeziehungen nichts
Erfreuliches sind. Ein Dauerstreit der Eltern ist für Kinder übrigens
unerträglicher, als wenn diese sich scheiden lassen. Eine Scheidung der Eltern, auch wenn sie zunächst sehr schmerzhaft ist,
kann für Kinder durchaus noch ein Happy End darstellen. Nämlich dann, wenn es den Eltern gelingt, ihre Trennung so zu regeln,
dass die Kinder nicht in die Auseinandersetzungen mit einbezo-
gen werden und nach der Trennung einen guten Kontakt zu beiden Eltern bewahren können. Die Kinder lernen dann, dass auch
schlimme Krisen bewältigt werden können. Beispielsweise indem
sie erleben, dass Mama und Papa nach der Trennung friedlicher
und zufriedener sind als vorher und den Kindern trotz der Trennung beide Eltern erhalten geblieben sind.

Wenn die Eltern aber dauerhaft in einer katastrophalen Ehe
ohne irgendeine Besserung verharren, kann dies bei den Kindern
zu der Überzeugung führen, dass man Konflikte nicht regeln kann.
Dass es keine Hoffnung gibt und Auseinandersetzungen nur zu
mehr Schäden, aber nicht zu einer guten Lösung führen. Die
Eltern sind ihnen ein sehr schlechtes Vorbild für eine Paarbezie-
hung und den Umgang mit Konflikten. Hierdurch können sie
selbst entweder sehr konfliktscheu oder zu aggressiv werden. Je
nachdem, ob sie in Abgrenzung zu den Eltern Harmonie um jeden
Preis wollen oder das Vorbild ihrer Eltern übernehmen.

Erschwerend kommt hinzu, dass die Kinder fast zwangsläufig
in die Streitigkeiten involviert werden. Das fängt bei kleinen Kindern schon damit an, dass sie meinen, sie wären schuld am Eltern-
streit. Kleine Kinder verfügen nämlich über ein sogenanntes ego-
zentrisches Weltbild, das heißt, sie beziehen alles, was um sie
herum geschieht, auf sich. Wenn die Eltern streiten, meinen sie
beispielsweise, das läge daran, dass sie sich nicht die Zähne
geputzt oder ihre Spielsachen nicht aufgeräumt hätten.

Und es bilden sich häufig ungesunde Koalitionen zwischen
Kindern und Eltern. Wenn beispielsweise ein Junge erlebt, dass
seine Mutter ständig am schwachen und konfliktscheuen Vater

herumnörgelt und zankt, kann ihn dies dazu bringen, dass er innerlich zum Papa hält und sich von der Mutter distanziert. Er kommt zu der Überzeugung, dass Frauen gemein und Männer schwach sind. Dies ist nicht förderlich für sein männliches Selbstwertgefühl und auch nicht für sein Frauenbild. Entweder wird er selbst später durchsetzungsschwach und konfliktscheu, so wie sein Vater. Oder er grenzt sich radikal zu seinem schwachen Vater ab und entwickelt sich zu einem Macho und Frauenhasser.

Oft fühlen sich auch Kinder von zerstrittenen Eltern dafür verantwortlich, dass die Eltern sich wieder vertragen. Sie strengen sich dann unheimlich an, die Eltern zufrieden und glücklich zu machen, indem sie ganz, ganz liebe und brave Kinder sind. Oder das Kind solidarisiert sich mit der Mutter, die es als „guten Freund" oder „gute Freundin" missbraucht, dem sie ihr Leid über den schlimmen Vater klagen kann. Hierdurch lernt der Junge oder das Mädchen: Männer sind gemein und tun Frauen weh! Außerdem fühlt sich das Kind dann normalerweise dafür verantwortlich, die schwache Mutter zu stützen und zu stärken.

All diese Vorgänge führen zu sehr ähnlichen Verletzungen in der Kinderseele, wie sie auch bei Eltern auftreten, die ihrem Nachwuchs auf direkte Weise wehtun. So wird das Selbstwertgefühl dieser Kinder geschwächt, sie übernehmen zu viel Verantwortung, passen sich in ungesunder Weise an, werden konfliktscheu oder streitsüchtig, vertrauen nicht in Beziehungen und werden schließlich bindungsängstlich oder entwickeln sich zu Klammeräffchen. In jedem Fall sind sie gebrannte Kinder, mit einem tief sitzenden Misstrauen gegenüber Liebesbeziehungen.

Mama und Papa lassen sich scheiden

Selbstverständlich kann auch eine Trennung oder Scheidung der Eltern zu Bindungsängsten führen, vor allem, wenn sie für das Kind mit sehr belastenden Folgen versehen ist. Der plötzliche Verlust eines Elternteils kann die Überzeugung in einem Kind verankern, dass man sich nicht auf Beziehungen verlassen kann. Diese Gefahr erhöht sich vor allem dann, wenn ein Elternteil plötzlich ganz aus dem Leben des Kindes verschwindet – entweder weil von dem anderen Elternteil kein Kontakt zugelassen wird oder weil ein Partner sich nach der Trennung gar nicht mehr oder nur sehr sporadisch blicken lässt. Diese Erfahrung kann für ein Kind traumatisch sein und ein überdauerndes Misstrauen gegenüber der Verlässlichkeit zwischenmenschlicher Beziehungen etablieren. Noch wahrscheinlicher wird dies, wenn sich diese Erfahrungen wiederholen. Außerdem können Bindungsängste auch aus sogenannten Loyalitätskonflikten entstehen. Diese entstehen in Kindern, wenn sie von einem Elternteil gesagt oder signalisiert bekommen, dass dieser sich verraten fühlt, wenn das Kind den anderen Elternteil auch lieb hat und mit diesem Kontakt wünscht. Ein Klient hatte einen starken Loyalitätskonflikt gegenüber seiner Oma. Die Mutter hatte die Familie verlassen, als er ein Jahr alt war. Sein Vater und die Großmutter väterlicherseits lästerten viel über die Mutter und machten sie schlecht. Der Klient lehnte es deswegen schon als kleines Kind ab, seine Mutter zu besuchen. Seine Oma, die quasi seine mütterliche Ersatzfigur war, hatte in ihm die Überzeugung hinterlassen, dass er sich nur eng an die Oma, aber nicht an die Mutter binden darf. Als Erwachsener überfielen ihn in engen Liebesbeziehungen Erstickungsgefühle. Wie sich herausstellte, waren diese auf die enge und sehr exklusive „Zwangs"-Bindung an seine Großmutter zurückzuführen.

So, das waren nun grob zusammengefasst die Seelennöte, in die Eltern, Großeltern und andere Angehörige ihre Kinder stürzen können und die Beziehungsängsten den Weg bereiten. In den nächsten Abschnitten erkläre ich, wie sich diese Kindheitserfahrungen konkret im späteren (Liebes-) Leben auswirken.

Der Selbstwert bestimmt unser ganzes Leben!

Das Selbstwertgefühl ist der Dreh- und Angelpunkt für unser psychisches Wohlbefinden. Er ist sozusagen unser psychisches Betriebssystem. Ein labiler Selbstwert ist die Ursache von fast allen psychischen Problemen und so auch von Bindungsangst. Bindungsangst bedeutet, dass ich Angst habe, abgelehnt zu werden, wenn ich mich frei und authentisch verhalte. Bindungsängstliche fühlen sich, so wie sie „wirklich" sind, nicht gut genug. Wenn ich meinen Klienten erkläre, dass sie sich in ihrer Beziehung ruhig selbst behaupten und auch mal streiten dürfen, können das viele gar nicht glauben. Bei ihren Eltern sind sie mit ihren eigenen Wünschen und Bedürfnissen häufig auf Ablehnung gestoßen, und diese Erfahrungen sitzen sehr tief.

In der Arbeit mit meinen Klienten mache ich jedoch auch immer wieder die Erfahrung, dass einige der Überzeugung sind, ihr Selbstwert wäre intakt. Dies liegt daran, dass sie ihren niedrigen Selbstwert gut kompensiert haben anhand beruflicher Leistungen und/oder hohen Fähigkeiten in mindestens einem Hobby, äußerlicher Attraktivität, einem stabilen Freundeskreis, materiellem Wohlstand etc. Hierdurch verspüren viele nicht, dass sich unter dieser Schicht aus Leistung und Schönheit noch das kleine Kind von früher verbirgt, das im tiefsten Inneren glaubt, nicht zu genügen. Erst bei genauerer Betrachtung im therapeutischen Gespräch stellen sie dann überrascht fest, dass sie tatsächlich gar nicht so überzeugt von sich sind, wie sie dachten.

Zu der Verdrängung des Selbstwertproblems durch äußere Erfolge kommt bei einigen noch erschwerend hinzu, dass sie wenig Kontakt zu ihren Gefühlen haben und ständig von sich abgelenkt sind. Sie haben sich als Kinder so früh antrainiert, ihre Antennen im Außen zu halten, dass ihr Draht nach innen verkümmert ist. Sie sind sich ihrer selbst also sehr wenig bewusst und merken auch deswegen nicht, dass sie ein Selbstwertproblem haben.

Selbstwert, Verliebtheit und Prüfungsangst

Die meisten Beziehungen fangen ja mit dem Gefühl der Verliebtheit an, das meines Erachtens vollkommen überbewertet wird. Ich denke, Verliebtheit ist eine Mischung aus Verlustangst und Hormonrausch und sie birgt ein unheimliches Potenzial zum Selbstbetrug. Zumindest in den Fällen, wo die Liebe unglücklich verläuft und ein passiv Bindungsängstlicher einem aktiv Flüchtenden hinterherrennt, bin ich immer wieder erstaunt, wie idealisiert der Flüchtende von seinem liebeshungrigen Partner wahrgenommen wird. Anstatt die Fakten zu betrachten, sehen die Verzweifelten den aktiv Bindungsängstlichen geradezu bis zur Unkenntlichkeit verklärt.

Verliebt sein fühlt sich auf der körperlichen Ebene so an wie Prüfungsangst: Herzklopfen, Schmetterlinge im Bauch, feuchte Hände und man kann an nichts anderes mehr denken kann als an den Angebeteten. Diese körperlichen Symptome sind allerdings die gleichen, die sich in Stress-Situationen zeigen. Wenn man mit diesen Symptomen unmittelbar vor einer Prüfung stünde, würde man denken: „Ich habe Prüfungsangst", und nicht: „Ich bin verliebt!" Wenn der Körper jedoch zwei so scheinbar unterschiedliche Zustände quasi gleich empfindet, dann kann man davon ausgehen, dass die Zustände gar nicht so unterschiedlich sind, wie man zunächst glauben mag. Und bei genauer Betrachtung stellt man dann fest, dass Verliebtheit im Grunde genommen auch eine Spielart der Prüfungsangst ist. Bei der Verliebtheit handelt es sich um eine Prüfung mit dem Stoff: Bin ich gut genug, um dich zu bekommen? Wirst du mich verlassen, wenn du meine Schwächen kennenlernst? Bin ich ein liebenswertes Wesen? Kann ich Einfluss darauf nehmen, ob wir zusammenkommen – oder bin ich einfach nur deinem Gutdünken hilflos ausgeliefert?

Verliebtheit ist eine existenzielle Prüfung in Sachen Selbstwert. Und deswegen sind wir auch so verzweifelt, wenn wir verlassen werden. Dabei, so glaube ich, weinen wir zu 90 Prozent um uns selbst und nicht um den Verlust des Partners. War ich nicht gut genug? Was habe ich falsch gemacht? Was hat sie, was ich nicht habe? Wäre ich nur schöner, besser, klüger, sportlicher ... dann hättest du mich nicht verlassen!

Die Gedanken der Verlassenen kreisen unermüdlich um die Frage, ob *sie* schuld sind, dass die Beziehung gescheitert ist. Ich habe oft verzweifelte Menschen in der Sprechstunde, die verlassen worden sind, und ausnahmslos (!) alle wollen von mir wissen, ob der Partner denn wirklich Bindungsängste hat oder ob es nicht doch ihre Schuld ist. Den Partner nehmen sie hingegen als überlegen wahr, und zwar allein aus dem Grund, weil er sie abgelehnt hat. Er hat über ihr Schicksal entschieden und ist mithin der Stärkere. Es ist wie früher mit den Eltern, diese waren in der überlegenen und stärkeren Position. Und wenn die Eltern böse oder enttäuscht waren und das Kind mit Liebesentzug oder anderen Sanktionen bestraft haben, hat das Kind gemeint, das die Eltern richtig und es selbst falsch sei. Dieses Gefühl verfestigt sich so sehr, dass es auch für das weitere Leben zum grundlegenden Muster wird: Das Kind im Erwachsenen glaubt immer noch, dass es verkehrt sei. Dies leitet uns zum Kern des ganzen Dramas der Beziehungsängstlichen, nämlich zum „inneren Kind" und seinen Glaubenssätzen.

Ich bin, was ich glaube zu sein!
Das innere Kind und seine Glaubenssätze

In der Psychologie spricht man von sogenannten *Glaubenssätzen* oder auch englisch „Beliefs". Glaubenssätze sind unsere tiefen, inneren Prägungen. Sie sind das Resultat der Erfahrungen, die ein Kind mit seinen Eltern (aber auch Großeltern, Gleichaltrigen, Lehrern etc.) erworben hat. Einige starke Glaubenssätze wurden in vorigen Abschnitten bereits erwähnt. Zum Beispiel „Ich bin okay! Du bist okay" im positiven Fall oder „Ich bin nicht okay!" im negativen Fall. Typische negative Glaubenssätze sind auch: „Ich genüge nicht!", „Ich bin nix wert!", „Ich bin nicht willkommen!", „Ich komme zu kurz!", „Ich bin wehrlos!", „Ich darf nicht ich sein!"

Beispiele für positive Glaubenssätze sind hingegen: „Ich bin willkommen!", „Ich genüge!", „Ich darf mich wehren!" Ein Kind gelangt unbewusst zu diesen einfachen Überzeugungen. Es leitet sie daraus ab, wie die Erwachsenen mit ihm umgehen. Erleidet ein Kind beispielsweise Vernachlässigung, dann kommt es wahrscheinlich (unbewusst) zu folgenden inneren Glaubenssätzen: „Ich bin nicht wichtig!", „Ich bin nicht erwünscht!", „Ich bin wertlos!" und so weiter. Diese Schlüsse zieht das Kind ganz selbstverständlich, weil es noch nicht überblicken kann, dass die *Eltern* die Fehler machen und nicht es selbst verkehrt ist. Das Kind meint, es müsse an ihm liegen, wenn die Eltern sich nicht kümmern. Wie ich schon vielfach betont habe, erwirbt das Kind hierdurch ein inneres Muster, ein Arbeitsmodell, wer es selbst ist und wie die anderen sind. Dieses unbewusste Programm bestimmt fortan seine Weltsicht.

Den meisten Menschen sind ihre innersten Glaubenssätze nicht bewusst und gerade deshalb wirken sie so machtvoll aus dem Untergrund. Diese Glaubenssätze sind quasi unser psychisches Betriebssystem – sie bestimmen maßgeblich darüber, wie wir denken, fühlen und handeln. Auf der Bewusstseinsebene nehmen wir die Probleme, die wir haben, oft als kompliziert und verworren wahr, letztlich liegen die Dinge jedoch ganz einfach. Das Unbewusste hat eine riesige Macht und es agiert in diesen ganz simplen Kategorien wie „Ich bin nix wert!" oder eben auch „Ich bin was wert!"

Diese Prägungen – also unsere inneren Glaubenssätze – werden in der Psychologie auch als *das innere Kind* bezeichnet. Und dieses innere Kind ist es, das entweder Vertrauen in sich und die Liebe hat oder eben nicht. Will man sich also von seiner Bindungsangst befreien, dann muss man sich mit seinem inneren Kind unterhalten. Hierauf werde ich noch ausführlich im Abschnitt „Vom Jein zum Ja!" eingehen. Versuchen Sie jedoch ab jetzt schon einmal Ihre tiefsten inneren Überzeugungen zu erspüren und somit mit Ihrem inneren Kind im Kontakt zu sein, wenn Sie weiterlesen.

Exkurs
Ich bin etwas ganz Besonderes! Das innere Kind und der Narzisst
Narzissten gelten als schwierige Menschen, mit denen man es in Liebes- oder Arbeitsbeziehungen kaum aushalten kann. Ständig sind sie darum bemüht, als die Besten dazustehen. Und alle um sie herum sollen letztlich nur dazu dienen, ihr Licht noch heller strahlen zu lassen. Was steckt hinter diesem arroganten, selbstherrlichen Auftritt? Ein stark verunsichertes Kind! Die Kindheit von Narzissten ist dominiert von Erfahrungen, ungenügend und unwichtig zu sein. Sie wurden als Kinder viel gedemütigt und abgewertet – häufig, weil ein Elternteil von ihnen selbst ein Narzisst war. Das Kind verinnerlicht Glaubenssätze wie: Ich bin nicht wichtig! Ich genüge nicht! Ich bin wertlos!
Manche Narzissten hatten aber auch Eltern, die sie als Kind stark idealisiert und ihnen ständig vermittelt haben, dass sie etwas ganz Besonderes seien. Hierdurch erwarb das Kind die Überzeugung, dass es etwas Besonderes sein *muss*, um geliebt zu werden.
In beiden Fällen strengt sich das Kind und später der Erwachsene unheimlich an, Anerkennung und Wertschätzung zu erfahren und sich mit besonderen Fähigkeiten, guter Leistung und/oder außergewöhnlicher Schönheit hervorzutun, um damit seine innere Überzeugung zu kompensieren, dass er eigentlich ungenügend ist. Das Kind im Narzissten hat sich damit einen Selbstschutz zurechtgelegt, der zwischenmenschliche Beziehungen enorm belastet.

Der Ehrgeiz und ihr Geltungsbedürfnis allein machen Narzissten jedoch nicht zu den schwierigen Menschen, die sie sind, sondern der Umstand, dass sie ihre Mitmenschen gern abwerten. Für eine Partnerschaft bedeutet dies, dass der Narzisst sehr hohe Ansprüche an seinen Partner stellt, weil dieser seiner Selbstaufwertung dienen muss. Kleine Schwächen des Partners sind für den Narzissten unerträglich und abtörnend. Die Schwächenintoleranz der Narzissten beruht jedoch nicht nur auf dem Umstand, dass der Partner ihrer Selbstdarstellung dienlich sein muss, sondern auch auf dem Umstand, dass sie ihre eigenen Schwächen nicht akzeptieren können. Narzissten verachten Schwäche – bei sich und bei anderen. Deswegen können sie, wenn sie eine vermeintliche Schwäche im Partner erkennen, furchtbar wütend werden. In diesem Zustand ballern sie, sich selbst völlig im Recht wähnend, ein Sperrfeuer von ätzender Kritik auf den Partner ab.

Narzissten erkennt man also meist daran, dass sie um sich herum eine Aura der Exklusivität und des Besonderen verbreiten und eine hohe Neigung aufweisen, andere Menschen, insbesondere Nahestehende, abzuwerten. Hierunter fallen auch die „intellektuellen Narzissten", die manchmal auf den ersten Blick gar nicht so exklusiv wirken, weil sie zum Beispieleinen etwas verschlampten „Links-Look" bevorzugen. Es spucken auch nicht alle Narzissten im Wutrausch laute Töne. Die Arroganz und Verachtung kann auch auf leisen Sohlen daherkommen.

Gerät der narzisstische Mensch jedoch in eine berufliche oder private Krise, dann brechen mit aller Macht seine sorgfältig verdrängten Selbstzweifel durch und das Kind in ihm höhnt: Du Versager! Du Wurm! Du bist nix und kannst nix! Du packst es nie! und so weiter. Die verdrängten Glaubenssätze stehen also wie Zombies aus ihren Gräbern auf und brechen sich ihren Weg ins Bewusstsein. Dies kann narzisstische Menschen in tiefe Depressionen stürzen, die sie sogar in den Freitod treiben können. In den meisten Fällen bauen sie sich jedoch wieder mit ihren alten narzisstischen Strategien auf, indem sie sich erneut durch Erfolge beweisen, dass sie eigentlich doch die Besten sind.

Der kleine Narzisst in uns allen!

Auch wenn narzisstische Menschen sich großer Unbeliebtheit erfreuen und der Begriff „Narzisst" – auch unter Fachleuten – häufig mit einer gewissen Missbilligung ausgesprochen wird, so muss man doch an dieser Stelle ehrlicherweise einräumen, dass in uns allen ein kleiner Narzisst steckt. Jeder Mensch, den ich kenne, inklusive ich selbst, freut sich, wenn er Erfolg hat, und schämt sich für einen Misserfolg. Den wenigsten ist es auch egal, welchen Eindruck ihr Partner hinterlässt. Zudem ist doch fast jeder bemüht, gut auszusehen und ein paar Fähigkeiten draufzuhaben. Tatsächlich ist es ja so, dass unsere Gesellschaft hohe narzisstische „Ideale" aufweist, wie es nicht zuletzt so bescheuerte Shows wie „Germany's Next Topmodel" zeigen. Unsere ganzen Medien sind voller fragwürdiger Idole, die zum Beispiel allein durch die „Leistung" Schönheit unheimlich viel Geld verdienen und bewundert werden. Unsere Gesellschaft suggeriert uns, dass wir mit mehr Schönheit, mehr Leistung und mehr Geld auch als Mensch mehr wert seien. Deswegen sind die meisten Menschen darum bemüht, mit Maßnahmen, die das Aussehen, das Können und die Finanzen verbessern, ihren Selbstwert zu stärken. Positiv gesehen, könnte man auch sagen, dass ein labiler Selbstwert ein hervorragendes Motivationssystem sein kann, das uns zu Leistung antreibt. Menschen, die extrem erfolgreich als Sportler, Schauspieler, Musiker oder Politiker sind, weisen häufig ein unterschwelliges Selbstwertproblem auf. Gerade die Bühnenberufe sind für Menschen mit narzisstischen Strukturen sehr verheißungsvoll. Erfährt der Mensch doch auf der Bühne, im Film oder Fernsehen ein Höchstmaß an Aufmerksamkeit.

Und auch die meisten „normalen" Menschen inszenieren sich gern auf ihrer Lebensbühne und tagträumen zudem von außergewöhnlicher Schönheit und herausragendem Talent. Und der kleine Narzisst in uns vergleicht sich auch gern mit anderen, und je nachdem, wie dieser Vergleich ausfällt, kann er auch neidisch werden, was dazu führen kann, dass er die Person, die er beneidet, ein wenig herunterstuft und abwertet. Und der kleine Narzisst versucht auch gern andere zu übertrumpfen, vielleicht auch manchmal mit etwas unfairen Mitteln. In Liebesangelegenheiten kann der kleine Narzisst alles ertragen, aber keine Zurückweisung.

Man kann gar nicht überschätzen, was für eine Leidensbereit-schaft auch vergleichsweise „normale" Menschen aufweisen, in der verzweifelten und häufig sinnlosen Hoffnung, es möge sich endlich noch alles zum Guten wenden und die aktiv bindungs-ängstliche Zielperson würde sich endlich zu ihrer großen Liebe bekennen und somit den angeschlagenen Selbstwert der Partner heilen. Umgekehrt steckt natürlich auch im aktiv Bindungsängst-lichen ein kleiner oder größerer Narzisst. Schließlich ist die Bin-dungsangst nichts anderes als ein Schutzmantel um den verletz-ten Selbstwert.

Wenn Sicherheit vor Leidenschaft geht

Ein probates Mittel, um seinen Selbstwert in einer Beziehung zu schützen, ist, wenn man sich nur mit Partnern einlässt, die einem eigentlich nicht viel bedeuten. Eine Klientin erzählte mir, dass sie nach einer gescheiterten Ehe eine ganze Zeit lang nur Beziehun-gen mit Männern eingegangen sei, die sie mit eigenen Worten „unmöglich" fand. Auf mein perplexes Nachfragen erklärte sie, ein Mangel an Gefühlen wäre damals die Voraussetzung für eine Beziehung gewesen, damit sie keine Verlustangst verspürte. Was diese Klientin bis ins Absurde betrieben hat, machen einige Bin-dungsängstliche jedoch in kleinerem Umfang: Sie suchen sich Partner, die zwar eigentlich nicht ihren Vorstellungen entsprechen, mit denen sie sich aber in der Beziehung sicher fühlen, weil die Partner ihnen eher unterlegen sind.

Viele Bindungsängstliche werden sich an dieser Stelle fragen: Ist mein Partner nicht mein Typ? Oder zweifle ich an der Bezie-hung, weil ich Bindungsangst habe? Ich glaube, dass diejenigen, die sich Partner wählen, die eigentlich nicht so sehr ihr Typ sind, dies von Anfang an wissen. Wenn man seinen Partner jedoch anfänglich äußerst begehrenswert fand und die Gefühle plötzlich nachlassen, wenn die Beziehung enger wird, dann lässt sich die-ser Gefühlsschwund höchstwahrscheinlich nicht mit einer man-gelnden Attraktivität des Partners begründen.

Dornröschen muss erlöst werden:
Bindungsangst und Helfersyndrom

Ein Klient von mir war ein erfolgreicher Geschäftsmann mit einem richtig netten und anständigen Charakter. Als Partnerinnen suchte er sich durchweg die schlimmsten Problemfälle, bevorzugt Frauen mit Persönlichkeitsstörungen. Er half ihnen bis zur Selbstaufgabe – und natürlich völlig erfolglos, er konnte keine retten. Erst wenn er völlig ausgebrannt und depressiv war, stellte er mal wieder fest, dass er weit über seine Grenzen gegangen war. In der Therapie wurde ihm klar, dass er bei „normalen" Frauen nicht das Gefühl hatte, mit ihnen auf Augenhöhe zu sein und zu genügen.

Eine beliebte Strategie, um seinen labilen Selbstwert zu kompensieren, ist also, sich Partner zu wählen, die in irgendeiner Form hilfsbedürftig und mithin unterlegen sind. Das liegt nicht weit weg vom oben erwähnten Beuteschema, pointiert aber stärker eine helfende Funktion des Partners. Gern werden Partner mit aktiver Bindungsangst gewählt, die also mauern und flüchten und irgendwie unerreichbar sind. Der passiv Bindungsängstliche wähnt sich dann wie der Ritter auf dem weißen Pferd, der sich durch das Dornengestrüpp zur schlafenden Prinzessin durchkämpft und diese wachküsst. Mit dieser Idee, einen unerreichbaren, in sich eingeschlossenen Menschen zu befreien, gewinnt die fantasierte Liebesbeziehung an ungeheurer Exklusivität, weil der Erlöser hierdurch für den Bindungsängstlichen etwas ganz Besonderes ist. Nämlich der einmalig Einzige, der oder die es geschafft hat, das Herz des Prinzen oder der Prinzessin zu befreien. Menschen hingegen, die ganz normal liebesfähig sind, üben diese Anziehungskraft nicht auf die Helfenden aus. Liebesfähige brauchen die Helfer ja nicht, um ihr Potenzial zu entdecken, und diese können sich genauso gut auch in jemand anders verlieben. Deswegen fühlt sich der Helfer hier schon von vornherein viel austauschbarer und weniger wert. Aber natürlich auch Partner, die unter Depressionen, Persönlichkeitsstörungen oder Drogensucht leiden und/oder die beruflich und finanziell am Abgrund stehen, stellen geeignete Liebesobjekte für die helfenden, passiv Bindungsängstlichen dar. Das Helfen bringt sie in eine überlegene und somit sichere Position, sie sind unentbehrlich und etwas ganz Besonderes.

Hinter der Selbstwertpflege der Helfer und Helferinnen verbirgt sich aber noch ein weiteres Motiv: Die Probleme ihrer Zielperson verhindern, dass eine wirklich nahe Beziehung entstehen kann. Die passiv Bindungsängstlichen sind also vor zu viel Nähe- und Anpassungsdruck gefeit und auch ihre potenziellen Verlustängste halten sich in Grenzen – entweder weil der Partner ihnen stark unterlegen ist oder, im Fall der verschlafenen Prinzen und Prinzessinnen, ihnen nie so nah kommt, dass ihre Verlustangst aktiviert würde. Stattdessen verspüren sie eine leidenschaftliche Liebe und eine große Sehnsucht nach Nähe und Verschmelzung.

Wie kann ich meine Bindungsangst loswerden?

In meinem Buch „Jein!" hatte ich die Unterscheidung zwischen aktiven und passiven Bindungsängstlichen nicht getroffen, weil sie mir damals nicht so notwendig wie heute erschien und ich die Dinge möglichst einfach halten wollte. Inzwischen habe ich jedoch festgestellt, dass es doch sehr häufig so ist, dass aktiv und passiv Bindungsängstliche aufeinandertreffen. Weil das Selbstwertgefühl das Epizentrum der ganzen Scherereien ist, also aktiv und passiv Bindungsängstliche letztlich unter demselben Problem leiden, habe ich mich diesmal entschlossen, diese Unterscheidung zu treffen. Ich bleibe allerdings wie in „Jein!" bei der Behauptung, dass nicht jeder Mensch, der an einen Bindungsängstlichen gerät, zwangsläufig selbst unter Bindungsangst leiden muss. Der emotionale Kontrollverlust, den man in einer bindungsängstlichen Beziehung erlebt, kann auch Menschen mit einem relativ intakten Selbstwert, die normalerweise beziehungsfähig wären, in den Wahnsinn treiben. Gerade die Kämpfernaturen sind gefährdet, sich zu lange zu verstricken. Sie sind es nämlich nicht gewohnt, mit einer Niederlage vom Platz zu gehen. Wenn man jedoch gar nicht von so einem Beziehungsboykottierer loskommt und sehr weit hinter die Grenzen der eigenen Selbstachtung geht oder wenn man sich immer wieder in unglückliche Beziehungen verrennt, dann liegt es nach meiner Erfahrung daran, dass man selbst ein Bindungsproblem aufweist: in Form von passiver Bindungsangst oder in Form eines anklammernden Bindungsstils.

Die folgenden Übungen und Empfehlungen wenden sich vorwiegend an aktiv Bindungsängstliche. Für die Partner von Bindungsängstlichen habe ich dann noch gesonderte Empfehlungen ab Seite 143 unter der Überschrift „Warum bin ich nur so abhängig?". Da die Rollen häufig wechseln, lohnt es sich für jeden mit Bindungsproblemen, alle Übungen zu machen.

Vom Jein zum Ja!

So, nun geht es richtig zur Sache. Ich werde Sie jetzt an die Hand nehmen und Ihnen zeigen, wie Sie sich von Ihren Bindungsängsten befreien. Wir werden gemeinsam ein Stück des Weges gehen. Hierfür erlaube ich mir, in das etwas vertraulichere Du überzugehen. Das „Du" spricht auch das innere Kind in dir besser an, mit dem wir uns unterhalten wollen.

Ich nehme die Pointe direkt vorweg: Alles, was du beziehungsweise dein inneres Kind begreifen muss, ist: **Ich genüge, so wie ich bin. Ich bin liebenswert und darf in einer Liebesbeziehung ich selbst sein!** Das ist die Kurzfassung des Zielzustands.

Bindungsängste resultieren im Kern aus dem Gefühl, dass du in einer nahen Liebesbeziehung nicht du selbst, nicht authentisch sein darfst. Das Kind in dir hat gelernt, sich für die Elternliebe stark anzupassen. Daraus hat es seine Schlüsse gezogen, wie Beziehungen laufen: unangenehm und bedrohlich. Man muss sich gut davor schützen! Und auch wenn du heute eine Beziehung eingehen möchtest oder eingehst, werden diese Muster deines inneren Kindes aktiviert. Dies ist der Kern deiner Beziehungsängste.

Das Kind in dir musste zu viele Bedingungen erfüllen. Entweder durfte es sich nie richtig von Mama und Papa lösen oder Mama und Papa waren zu weit weg, zu gestresst und lieblos, sodass das Kind sich unheimlich angestrengt hat, um ihre Aufmerksamkeit und ein wenig Liebe zu erhalten. Oder in noch schlimmeren Fällen hat sich das Kind angestrengt, um möglichst keine Aufmerksamkeit auf sich ziehen, sich unsichtbar zu machen, um Mama und Papa nicht zu reizen. Wenn Mama und Papa schlecht loslassen konnten und viel kontrolliert haben, dann hat das Kind gelernt, dass Liebe Vereinnahmung und Unfreiheit bedeutet. Wenn Mama und Papa sich zu wenig gekümmert haben, dann hat das Kind in dir gelernt, dass Liebe sich traurig und einsam anfühlt.

In jedem Fall hat das Kind in dir gelernt, dass es sich Mama und Papa anpassen muss, damit man ihm nicht noch mehr wehtut. Und weil Mama und Papa so waren, wie sie halt waren, hast du innere Überzeugungen, innere Glaubenssätze gewonnen, die dir nicht guttun und die übrigens auch falsch sind. Ich will mit dir deine inneren Überzeugungen verstehen und dafür nimmst du bitte ein möglichst großes Blatt Papier (mind. Din A4) und einen Bleistift zur Hand.

Finde deine Glaubenssätze

Nun malst du auf das Papier die Silhouette eines Kindes. Male diese Silhouette möglichst groß, weil du später in den Bauch des Kindes noch kurze Sätze schreiben musst. Neben den Kopf des Kindes schreibst du rechts und links jeweils Mama und Papa oder Mutti und Vati oder Mami und Daddy oder wie immer du deine Eltern angesprochen hast. Wenn nicht deine Eltern, sondern andere Menschen deine Hauptbezugspersonen waren, dann schreibst du Begriffe für diese dort hin. Wenn du eine Mama und eine Stiefmama hattest, schreibst du beide hin – entsprechendes gilt für Stiefväter. Nimm einfach die Person oder die Personen, die in den ersten Lebensjahren ganz wichtig für dich waren. Sofern die Geschwister nicht eine bedeutende Rolle gespielt haben, kannst du sie weglassen, damit es nicht zu fummelig und kompliziert wird. Es steht dir aber auch frei, deine Geschwister oder ein Geschwisterteil mit zu notieren.

Nun fängst du mit einer Person, zum Beispiel mit Mama, an und schreibst in Stichworten unter Mamas Namen auf, wie sie so war und dich behandelt hat. Ich gebe dir mal eine Liste von Möglichkeiten, um dir ein bisschen beim Ausfüllen zu helfen. Mögliche gute Eigenschaften von Mama können sein: lieb, fürsorglich, fröhlich, ausgeglichen, gewährend, hat lecker gekocht, viel mit mir gespielt, mir in der Schule geholfen, schön gesungen, war fleißig, erfolgreich und so weiter. Mögliche negative Eigenschaften könnten sein: distanziert, kühl, überfordert, gestresst, launisch, herrisch, aggressiv, kontrollierend, überfürsorglich, anklammernd, ängstlich, konfliktscheu, körperlich leidend, jammernd, klagend, schwach, desinteressiert, misshandelnd, egoistisch und so weiter. Du kannst aber auch kleine Sätze oder typische Sprüche deiner Mutter schreiben, wie zum Beispiel: Mach mir bloß keine Schande! Was sollen denn die Nachbarn sagen! Du bist doch mein Goldjunge! und so weiter. Wir nehmen die Unterscheidung von Eigenschaften (z. B. geduldig) und Fähigkeiten (z. B. gute Köchin) nicht so genau, weil es darauf im Folgenden nicht ankommt. Wichtig ist, dass du möglichst kurz und treffend aufschreibst, was für deine Mutter typisch war, was sie charakterisiert.

Genau das Gleiche machst du dann für Papa oder wer auch immer sonst noch auf deinem Zettel steht. Dann ziehst du eine Linie über den Kopf deines Kindes, die Mama und Papa verbindet,

Eltern
viel streit

Mama
müde, gestresst, fürsorglich, unberechenbar, „was sollen denn die anderen sagen?"

Papa
wenig präsent, wortkarg, nie zeit, manchmal schön mit mir gespielt, sehr belesen

und beschreibst in kurzen Stichworten, wie deren Beziehung war. Also zum Beispiel: ständig Streit! Oder: Mama unterwürfig, Papa dominant, oder: harmonisch. Du kannst natürlich auch mehrere Attribute finden. Jetzt betrachtest du alles, was da steht und spürst und fühlst mal in dir nach, was das alles in dir als Kind bewirkt hat. Zu welchen inneren Überzeugungen du durch das Verhalten deiner Eltern gelangt bist. Wir suchen also nach deinen ganz persönlichen Glaubenssätzen. *Diese Glaubenssätze schreibst du dann in den Bauchraum des Kindes.* Damit es für dich leicht ist, gebe ich dir unten eine Liste von Glaubenssätzen an die Hand.

Liste Glaubenssätze
Diese Liste ist nicht vollständig, weil es so viele Glaubenssätze gibt, dass man sie gar nicht alle aufzählen kann. Sie soll dich inspirieren und dir helfen, deine persönlichen Glaubenssätze zu finden. Formuliere also ruhig auch Glaubenssätze, die nicht auf der Liste stehen.

Wichtig ist, dass Glaubenssätze in einer bestimmten Weise formuliert werden wie „Ich darf ..." oder „Ich darf nicht ...", „Ich bin ..." oder „Ich bin nicht ...", „Ich muss ..." oder „Ich kann nicht ..." *Kein* Glaubenssatz ist beispielsweise: „Ich habe Angst zu versagen" oder „Ich habe keine Lust, dir zu gehorchen" oder „Ich will nicht unterlegen sein". Der erste Satz drückt einfach nur die Angst zu versagen aus – der Glaubenssatz, der hinter dieser Angst stecken könnte, wäre: „Ich bin ein Versager!" oder „Ich bin dumm!" oder „Ich kann nichts!". Das Gleiche gilt für den zweiten Satz („Ich habe keine Lust, dir zu gehorchen"), der eher eine Entscheidung ausdrückt. Der Glaubenssatz, der dahinterstecken könnte, ist: „Ich muss mich dir anpassen" oder „Ich darf mich nicht wehren!" oder „Ich muss immer lieb und artig sein". Diese Glaubenssätze können zu einem trotzigen Gegenprogramm führen, das dann lautet: „Ich will dir nicht gehorchen!" Im dritten Fall („Ich will nicht unterlegen sein") handelt es sich um eine Intention, hinter der sich ein Glaubenssatz verbergen könnte wie: „Ich bin dir ausgeliefert!", „Ich bin ohnmächtig!", „Ich darf mich nicht selbstbehaupten!".

Glaubenssätze drücken also eine innere Überzeugung aus – keine Absicht (z. B. „Ich will", „Ich habe keine Lust") und auch kein Gefühl (z. B. „Ich habe Angst, dass ..."). *Wichtig* ist, dass wir

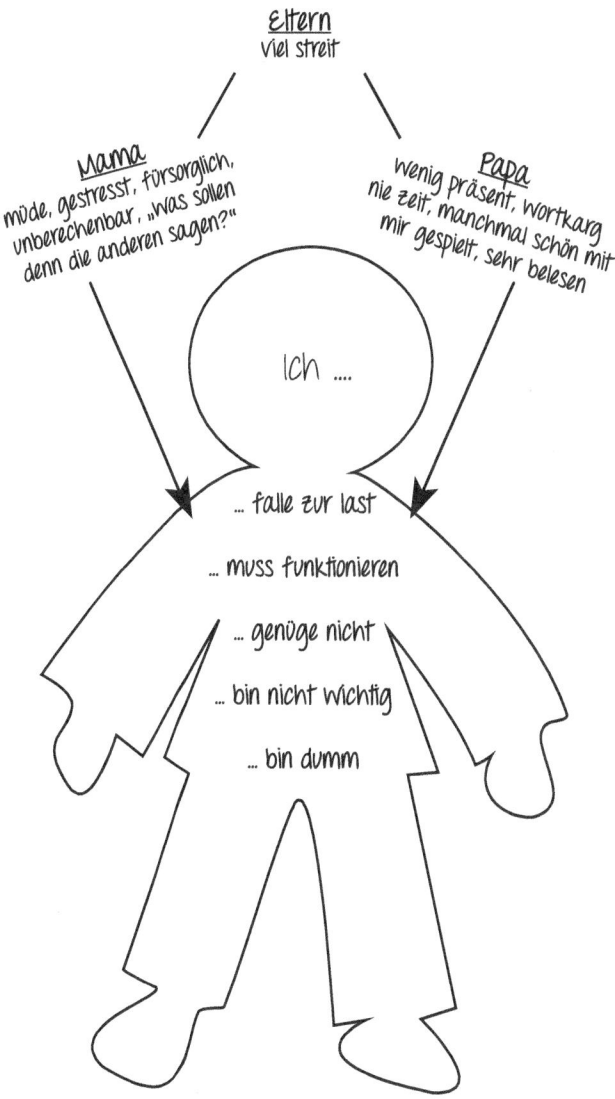

Eltern
viel streit

Mama
müde, gestresst, fürsorglich, unberechenbar, „was sollen denn die anderen sagen?"

Papa
wenig präsent, wortkarg, nie zeit, manchmal schön mit mir gespielt, sehr belesen

Ich ....

... falle zur last

... muss funktionieren

... genüge nicht

... bin nicht wichtig

... bin dumm

jetzt von deinem inneren Kind von früher ausgehen und nicht von dem Erwachsenen von heute. So kann es durchaus sein, dass dein inneres Kind glaubt: „Ich bin wertlos!", und der Erwachsene in dir dem vehement widerspricht. Versuche also, so gut es geht, mit dem kleinen Mädchen in dir oder dem kleinen Jungen in dir in Kontakt zu kommen, auch wenn der Erwachsene in dir die Sache aus heutiger Sicht anders sieht.

Glaubenssätze, die unmittelbar den Selbstwert betreffen:
Ich bin nicht willkommen.
Ich bin wertlos.
Ich tauge nichts.
Ich bin nicht wichtig.
Ich bin ein Versager.
Ich bin dumm/hässlich.
Ich genüge nicht.
Ich bin falsch.
Ich bin nicht gut genug.
Ich kann nichts.
Ich bin an allem schuld.
Ich habe nie Glück.
Ich muss immer der Beste sein.
Ich bin immer unterlegen.

Glaubenssätze, die die Beziehung zu Mutter/Vater abbilden:
Ich falle dir zur Last.
Ich bin für dein Glück verantwortlich.
Ich bin schuld, dass du traurig/wütend etc. bist.
Ich bin dir ausgeliefert.
Ich kann dir nicht vertrauen.
Ich komme zu kurz.
Ich bin ohnmächtig.
Ich bin dir unterlegen.
Du hast Macht über mich.
Du liebst mich nicht.

Glaubenssätze, die schon die „Lösung" für die Probleme mit Mama und Papa sind:
Ich muss mich dir anpassen

Ich darf nicht ich sein.
Ich muss immer lieb und artig sein.
Ich darf mich nicht wehren.
Ich darf nicht Nein sagen.
Ich darf keinen eigenen Willen haben.
Ich muss immer fröhlich sein.
Ich muss funktionieren.
Ich muss gut in der Schule sein.
Ich darf dir keine Arbeit machen.
Ich muss perfekt sein.
Ich muss der/die Beste sein.
Ich darf keine Fehler machen.
Ich muss alles allein schaffen.

Allgemeine Glaubenssätze über Beziehungen und das Leben:
Liebe macht unglücklich.
Vertraue niemandem.
Vertraue nur dir selbst.
Streit macht die Beziehung kaputt.
Ich werde sowieso verlassen.
Männer sind Schweine.
Frauen sind Schlampen.
Beziehungen scheitern immer.

Positive Glaubenssätze sind die Umkehrung der negativen, also:
Ich bin willkommen.
Ich bin wertvoll.
Ich genüge.
Ich darf mich abgrenzen.
Ich darf mich wehren.
Ich darf ich sein.
Ich darf um Hilfe bitten.

Nun hast du eine ganze Anzahl von inneren Glaubensätzen in deiner Kindersilhouette, also in deinem inneren Kind, stehen, die du aufgrund deiner Erfahrungen mit deinen Eltern entwickelt hast. Bei vielen meiner Klienten stehen im Bauch ihres inneren Kindes nach dieser Übung fast ausschließlich negative Sätze. Dieses innere Programm ist es, das dir die Schwierigkeiten in deinen

Beziehungen und vielleicht auch sonst im Leben macht. Mehr ist es nicht. Diese Glaubenssätze sind dein psychisches Betriebssystem. Sie bestimmen weitgehend, wie du wahrnimmst, wie du denkst und wie du fühlst. Und auch, was du über dich selbst denkst, wie sicher du dir selbst bist. Die Überzeugungen deines inneren Kindes beschreiben dein Selbstwertgefühl. Ganz wichtig ist, zu verstehen, dass du diese Sätze auf deinen Partner projizierst. Wenn es früher also die Mama war, der du zum Beispiel nicht widersprechen durftest, so glaubt dein inneres Kind heute noch in jeder Beziehung: „Ich darf nicht widersprechen/Ich darf mich nicht wehren." Die Glaubenssätze, die du also unbewusst bei deinen Eltern gelernt hast, überträgst du heute auf deine Liebesbeziehungen. Alles, was du schaffen müsstest, ist, an diese Sätze, sofern sie negativ sind, nicht länger zu glauben. Ich werde dir dabei helfen.

Zunächst möchte ich dich aber bitten, einmal die Augen zu schließen und deine Aufmerksamkeit auf die Körpermitte, also auf deinen Brust-Bauchraum zu lenken. Nimm dir Zeit, deinen Atem wahrzunehmen. Und dann spüre, wie sich diese Anhäufung von Glaubenssätzen in dir anfühlt. Spüre, wie dein Körper, also der Brust-Bauchraum, diese Glaubenssätze empfindet. Wir suchen nach einer körperlichen Ebene. Vielleicht wird es dir ganz eng in der Brust, dein Herz klopft, es kribbelt im Bauch und so weiter. Spüre, wie dein inneres Kind sich anfühlt. Und werde im Alltag aufmerksam für dieses Gefühl. Es ist dieses Gefühl, das viele deiner Entscheidungen und Handlungen bestimmt. Wie man es verändert, werde ich dir noch erklären. Falls du nichts gefühlt hast, mach dir keinen Stress. Versuche es einfach immer mal wieder, beziehungsweise versuche auch im Alltag möglichst nah an deinen Gefühlen zu sein – wie das gelingt, erkläre ich später noch genauer.

Die Schutzstrategien

Um deine negativen Glaubenssätzen möglichst nicht zu spüren, hast du schon als Kind, ohne dass dir das so bewusst war, eine Menge Strategien entwickelt. Diese Strategien wendest du auch heute noch an und sie sind dein eigentliches Beziehungsproblem. Wenn dein inneres Kind zum Beispiel glaubt: „Ich bin nicht willkommen!", dann strengst du dich vielleicht unheimlich an, um bloß keinem zur Last zu fallen, alles richtig zu machen, immer lieb und hilfsbereit zu sein. Oder dein inneres Kind ist zu dem Ergebnis gekommen, dass alle Anstrengung sowieso sinnlos ist, und schützt sich, indem es sich zurückzieht und den Kontakt mit Menschen soweit es geht vermeidet. Als Erwachsener bist du dann ein einsamer Mensch, der jedoch lieber allein ist, als die Qual zu ertragen, sich anderen zu nähern und seine niederschmetternden Glaubenssätze zu spüren. Vielleicht bist du sogar auf die schiefe Bahn geraten, weil du als Kind und Jugendlicher beschlossen hast: Wenn mich schon keiner haben will, dann bestimme ich wenigsten selbst darüber! Du hast rebelliert, die Schule geschmissen und dich anderen Jugendlichen angeschlossen, die sich auch nicht willkommen fühlten. Gemeinsam wart ihr stark und bei ihnen warst du willkommen.

Wenn einer deiner Glaubenssätze ist: „Ich genüge nicht!", dann bist du vielleicht unheimlich bemüht, alles richtig zu machen, perfekt zu sein. Jede Schwäche, die du an dir wahrnimmst, muss ausgemerzt werden und darf nicht von deinen Mitmenschen gesehen werden. Oder du hast resigniert, strengst dich kaum an und bleibst im Leben weit unter deinen Möglichkeiten.

Wenn einer deiner Glaubenssätze lautet: „Ich bin für dein Glück verantwortlich!", dann strengst du dich an, immer die Bedürfnisse deiner Mitmenschen zu erspüren und sie glücklich zu machen. Du spürst gar nicht, was du selber willst, so sehr bist du damit beschäftigt, die Bedürfnisse der anderen zu erfüllen. Oder du bist ganz trotzig und egoistisch und schaust nur nach dir selbst, weil du keinen Bock darauf hast, wie bei Mama und Papa ständig zu gucken, was die anderen brauchen, um glücklich zu sein.

Wenn einer deiner Glaubenssätze lautet: „Ich komme zu kurz!", dann bist du vielleicht sehr fordernd und misstrauisch. Du bist immer bemüht, nicht ins Hintertreffen zu geraten, die Zügel in der Hand zu behalten. Oder du bist immer lieb und artig und hoffst, dass irgendein Krümel vom Tisch für dich abfällt. Du bedauerst dich und bist neidisch auf die anderen, die scheinbar immer mehr bekommen als du.

Wenn einer deiner Glaubenssätze lautet: „Frauen sind Schlampen!", dann schützt du dich, indem du keiner Frau vertraust. Du gehst vielleicht oft fremd, um schon mal vorzubeugen, weil du sicher bist, dass dein Partner dich sowieso betrügen wird. Du kritisierst ihn und wertest ihn ab, damit er in deinen Augen wenig wert ist. Viele deiner Schutzstrategien sind bereits in deinen Glaubenssätzen fixiert. Schau mal oben in der Liste unter „Glaubenssätze, die bereits die Lösung für die Probleme mit Mama und Papa sind". Da findest du bestimmt einige, die dir auch in Fleisch und Blut übergegangen sind, wie beispielsweise: „Ich muss deine Erwartungen erfüllen", „Ich darf mich nicht wehren", „Ich muss mich anpassen" und so weiter.

Und so kannst du für jeden deiner Glaubenssätze überlegen, welche Strategien du verwendest, um diesem Glaubenssatz entgegenzuwirken, damit du das Elend, das er in dir auslöst, nicht spüren musst. Deine Glaubenssätze wirken dabei in allen Lebensbereichen. Wir wollen uns im Folgenden jedoch auf Liebesbeziehungen fokussieren.

Erkenne deine persönlichen Schutzstrategien

Nun möchte ich mit dir gemeinsam darüber nachdenken, wie du dich ganz konkret in deinen heutigen Liebesbeziehungen verhältst, um dein inneres Kind mit seinen Glaubenssätzen zu beschützen. Hierfür betrachtest du die Glaubenssätze, die du für dich gefunden hast, und überlegst, zu welchen Verhaltensweisen dich diese in Liebesbeziehungen führen. Diese Verhaltensweisen notierst du im unteren Drittel deines Blattes außerhalb der Kindschablone. Notiere sie bitte in ganzen kleinen Sätzen und nicht nur in Stichworten – das macht es viel eindringlicher und plastischer. Schreib also: „Ich flüchte in die Arbeit", und nicht einfach nur: „Flucht". Um dir auch diesen Schritt zu erleichtern, habe ich unten eine Liste mit möglichen Verhaltensweisen aufgeführt, die wiederum nicht vollständig ist, sondern dich anregen soll, deine individuellen Verhaltensweisen zu identifizieren.

Verhaltensweisen von aktiv Bindungsängstlichen:
Ich ziehe mich zurück und mache dicht.
Ich fange Streit an.
Ich flüchte in die Arbeit/Hobbys.
Ich habe keine Lust auf Sex.
Ich gehe fremd.

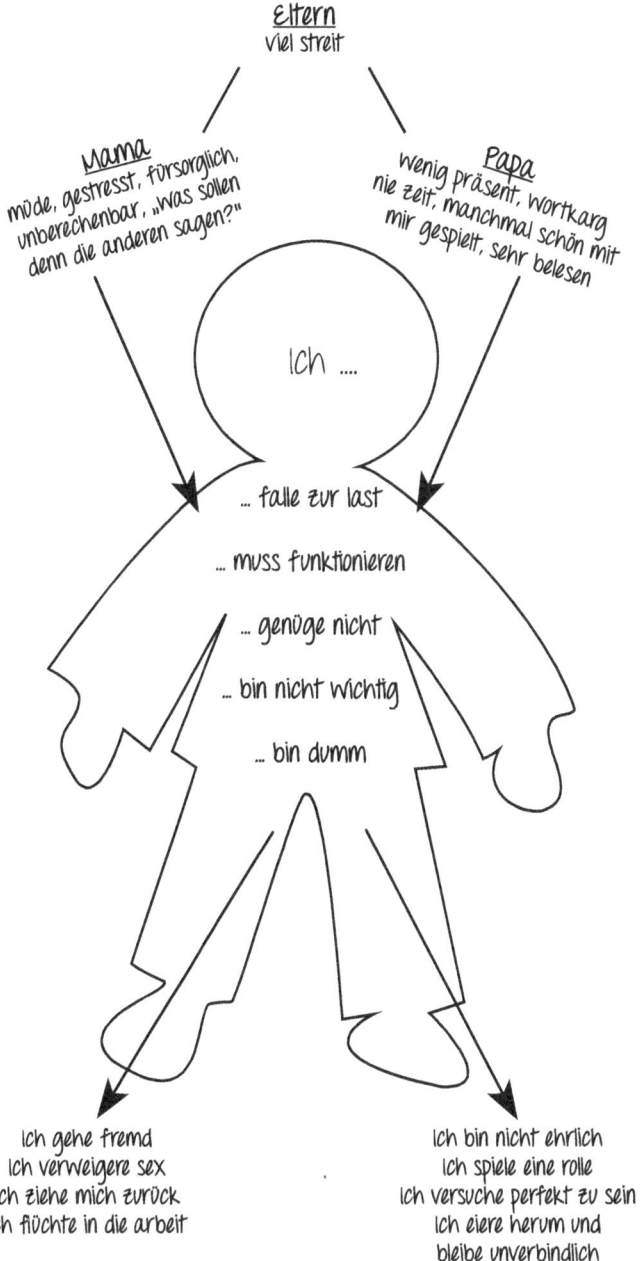

Eltern
viel streit

Mama
müde, gestresst, fürsorglich, unberechenbar, „was sollen denn die anderen sagen?"

Papa
wenig präsent, wortkarg, nie Zeit, manchmal schön mit mir gespielt, sehr belesen

Ich ....

... falle zur last

... muss funktionieren

... genüge nicht

... bin nicht wichtig

... bin dumm

Ich gehe fremd
Ich verweigere sex
Ich ziehe mich zurück
Ich flüchte in die arbeit

Ich bin nicht ehrlich
Ich spiele eine rolle
Ich versuche perfekt zu sein
Ich eiere herum und bleibe unverbindlich

Ich nörgle kleinlich an meinem Partner herum.
Ich mache Schluss.
Ich bleibe Single.
Ich lüge.
Ich komme meinem Partner ganz nah, dann flüchte ich wieder.
Ich mache nicht, was mein Partner von mir erwartet.
Ich kontrolliere meinen Partner.
Ich lege mich zeitlich ungern fest.
Ich stelle mich tot.

Verhaltensweisen von passiv Bindungsängstlichen:
Ich klammere an meinem Partner.
Ich komme nicht los, obwohl er mir ständig wehtut.
Ich mache Szenen.
Ich bin depressiv.
Die Beziehung ist mein ganzer Lebensinhalt.
Ich bin extrem verliebt.
Ich mache alles, was mein Partner will.
Ich gebe mich auf.
Ich versuche perfekt zu sein.
Ich zweifle ständig an mir.
Ich spioniere meinen Partner aus.

Wenn du deine Glaubenssätze und deine Schutzstrategien notiert hast, dann weißt du, wie du im Großen und Ganzen tickst. Damit das alles jedoch nicht nur negativ und düster aussieht, kommen wir jetzt noch zu deinen Stärken und Ressourcen.

Deine Ressourcen

Um dein inneres Kind herum schreibst du jetzt am besten mit einem Stift in deiner Lieblingsfarbe alle deine Stärken und Ressourcen (Kraftquellen), die dir einfallen, zum Beispiel: intelligent, reflektiert, attraktiv, hilfsbereit, ehrlich, witzig, humorvoll, belesen, musikalisch, kinderlieb, sozial kompetent, gut strukturiert, wohlhabend, viele Freunde, mutig, flexibel und so weiter. Hier tun sich einige schwer, weil sie an sich nicht viel Gutes wahrnehmen. Falls du zu jenen gehörst, dann frag mal einen deiner Freunde, der wird dir bestimmt auf die Sprünge helfen.

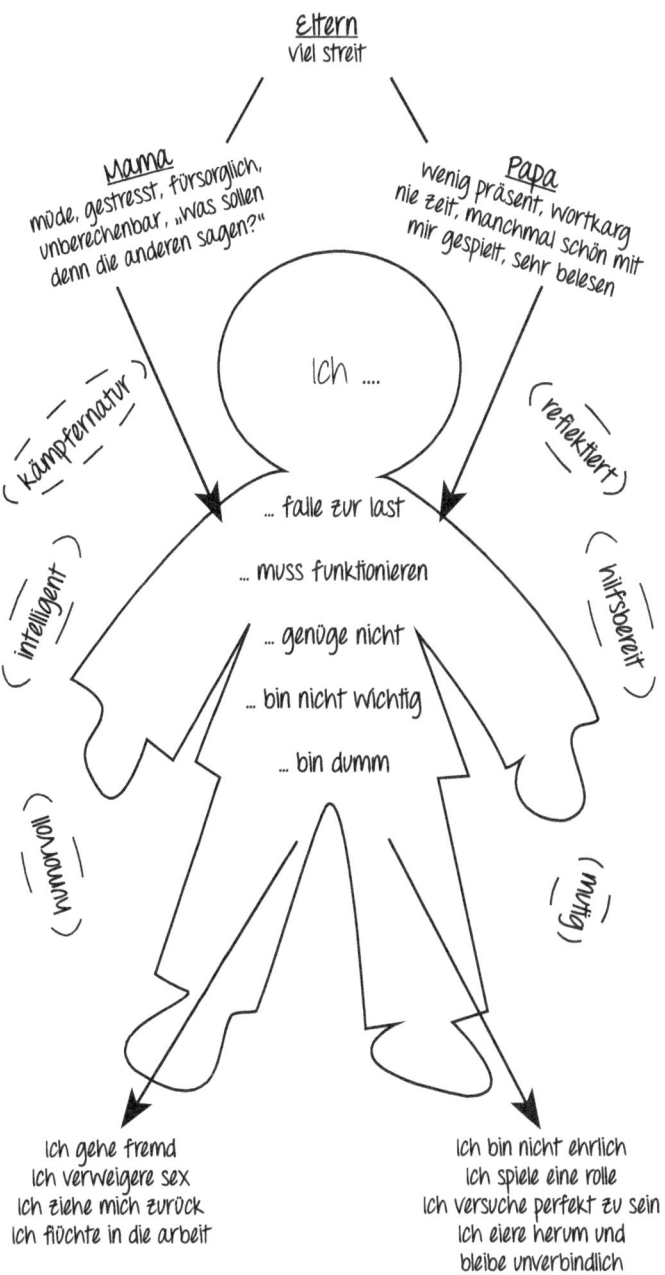

Eltern
viel streit

Mama
müde, gestresst, fürsorglich, unberechenbar, „was sollen denn die anderen sagen?"

Papa
wenig präsent, wortkarg nie zeit, manchmal schön mit mir gespielt, sehr belesen

Ich ....

(kämpfernatur)

(reflektiert)

... falle zur last

(intelligent)

... muss funktionieren

(hilfsbereit)

... genüge nicht

... bin nicht wichtig

... bin dumm

(humorvoll)

(mutig)

Ich gehe fremd
Ich verweigere sex
Ich ziehe mich zurück
Ich flüchte in die arbeit

Ich bin nicht ehrlich
Ich spiele eine rolle
Ich versuche perfekt zu sein
Ich eiere herum und
bleibe unverbindlich

Dein innerer Erwachsener

Alles, worauf es ankommt, ist zu erkennen, dass das Kind in dir mit seinen Glaubenssätzen – oder anders ausgedrückt: dein labiles Selbstwertgefühl – ein Produkt deiner Erziehung ist. Diese ganzen miesen kleinen Sätze, die da stehen, sind nämlich falsch. Sie sind lediglich das Ergebnis des – zumindest partiellen – Versagens deiner Eltern in deiner Erziehung. Also geht es darum, einen inneren Abstand zu diesem Programm zu bekommen, ihm keinen Glauben mehr zu schenken, nicht mehr nach ihm zu handeln. Das muss der vernünftige Teil in dir, der sogenannte *innere Erwachsene,* verstehen. Den inneren Erwachsenen könnte man auch als den „vernünftigen, logischen Verstand" bezeichnen. Und mit Hilfe deines Verstandes kannst du beurteilen, dass die Sätze nicht richtig sind. Der Erwachsene in dir weiß, dass du nicht wertlos bist, weil das Unsinn ist. Es gibt mindestens einen Menschen auf dieser Welt, für den du wertvoll bist, und sowieso liegt der Wert eines Menschen in sich selbst begründet. Der Erwachsene in dir kann auch verstehen, dass das Kind keine Schuld trägt, wenn die Eltern so waren, wie sie waren, weil ein Kind grundsätzlich unschuldig auf die Welt kommt. Und wenn seine Eltern dann mit ihm überfordert sind, kann das Kind nichts dafür. Es geht also darum, den erwachsenen Anteil in dir von dem inneren Kind zu trennen. Das Kind ist das gefühlte Unbewusste, das sich aufgrund einer falschen Programmierung erheblich irren kann. Deswegen ist es gut, dass wir unseren Verstand haben, um Korrekturen vornehmen zu können.

Dein inneres Kind muss verstehen, dass Mama und Papa Fehler gemacht haben und es nicht selbst die Schuld trägt an der Situation, wie sie eben war. Dein innerer Erwachsener muss dem Kind das erklären, geduldig, liebevoll und immer wieder. Der Erwachsene muss also die Erziehungsarbeit nachholen, die deine Eltern versäumt haben.

Gespräch mit dem inneren Kind

Das Gespräch mit dem inneren Kind, zu dem ich dich gleich einlade, mag dir etwas verrückt erscheinen, aber vertraue mir bitte, dass diese Übung sehr hilfreich ist. Die Sätze, die ich vorgebe, musst du nicht wortwörtlich übernehmen, es geht darum, dass du das Prinzip verstehst. Ich beziehe mich im Folgenden auch wieder auf Mama und Papa und du setzt natürlich die Bezugspersonen für dich ein, die für dich wichtig waren.

1. Schritt:
Du gehst noch einmal in dich, wie du es schon getan hast, und versuchst dein inneres Kind auf einer körperlichen Ebene zu spüren. Also genau wahrzunehmen, wie es sich im Brust-Bauchraum anfühlt, wenn du deine Glaubensätze hörst.

2. Schritt:
Du stellst dir vor, wie alt dein inneres Kind ist. Und nun setzt du das Kind bei dir auf den Schoß oder, wenn dir das zu viel ist, dann setzt oder stellst du es vor dich hin.

3. Schritt:
Gleich wirst du mit einer ganz lieben, tröstenden Stimme dem Kind die Sache mit Mama und Papa erklären. Du musst das auch nicht laut sprechen. Ich weiß, dass einige sich reichlich plemplem bei dieser Übung vorkommen, aber wie gesagt, sie ist sehr hilfreich. Wenn der oder die Kleine jetzt da sitzt, kannst du es auch ein bisschen knuddeln und ihm dann die Situation mit Mama und Papa erklären. Hierfür nimmst du deine ausgefüllte Kinderschablone als Gedächtnisstütze.

Ich gebe dir für ein Gespräch mit dem inneren Kind ein Beispiel:
Oh je, mein armer Schatz, das mit Mama und Papa damals war wirklich nicht einfach für dich. Das tut mir wirklich leid. Die Mama, die war immer nur mit sich beschäftigt. Die hat dich oft nicht bemerkt und hat sich auch selten dafür interessiert, wie es dir geht. Sie war immer nur unglücklich wegen Papa, der sie so schlecht behandelt hat. Wenn sie dann schlechte Laune hatte, konnte sie auch manchmal richtig gemein werden und hat dann Sätze gesagt, wie: „Du bist schuld, dass ich deinen Vater geheiratet habe, ohne dich wäre ich jetzt frei." Oh je, das war so schlimm für dich. Oft hast du dich ganz einsam gefühlt und viel geweint. Die Tränen hast du aber vor der Mama versteckt, um sie nicht noch mehr zu reizen. Wenn die Mama einen guten Tag hatte, dann konnte sie aber auch mal richtig lieb sein, dann hat sie dich geknuddelt und gesagt, dass du ihr „Goldschatz" bist. In diesen Momenten warst du immer am glücklichsten. Und du hast immer

versucht dich so zu verhalten, dass Mama möglichst gute Laune hatte,
warst ganz lieb und hast Mama viel im Haushalt geholfen. Aber
irgendwie hast du nie einen richtigen Einfluss auf Mamas Laune
bekommen. Und der Papa war auch keine Hilfe, im Gegenteil. Der hat immer
mit Mama gestritten. Allerdings hat er auch manchmal schön mit dir
gespielt. Aber er hat auch schnell die Geduld verloren und gesagt, du
würdest dich dumm anstellen. Der konnte richtig streng sein. Du hat-
test immer ein bisschen Angst vor ihm. Auch bei Papa hast du dich
mächtig angestrengt, damit du ihm gefällst. Warst ganz lieb und hast
ihm auch nie widersprochen ...

Wichtig ist, dass du bei der Ansprache kindliche Wörter nimmst.
Wenn du zum Beispiel bei deiner Mutter als Eigenschaft „aggressiv und abwertend" stehen hast, dann würde man in Kinder-
sprache sagen: „Die Mama konnte richtig *gemein* werden." Nimm
also möglichst keine Fremdwörter oder Wörter, die eher Erwach-
senensprache sind.

Wenn du dem Kind hinreichend die Situation mit Mama und Papa
erklärt hast, dann sagst du ihm in etwa Folgendes:
Und weil Mama und Papa so waren, bist du zu ganz blöden Über-
zeugungen gekommen. Du meintest nämlich, es wäre deine Schuld,
und deswegen glaubst du ... (Lies deine Glaubenssätze, die du in dem
Kind stehen hast, ab.)

Und dann sagst du dem Kind, dass das alles nicht seine Schuld
war und dass es, wenn seine Eltern nicht so überfordert gewesen
wären oder es andere Eltern gehabt hätte, heute ganz andere
Dinge glauben würde. Das geht in etwa wie folgt:
Mein armer Schatz, mir ist ganz wichtig, dass du verstehst, dass
das alles nicht deine Schuld war. Mama und Papa haben die Fehler
gemacht und nicht du. Mir ist es ganz wichtig, dass du das Folgende
verstehst: Wenn Mama und Papa nicht so überfordert gewesen wären
oder du andere Eltern gehabt hättest, dann hättest du jetzt ganz
andere Überzeugungen. Wären deine Eltern anders gewesen, wären sie
ganz stolz auf dich! Sie freuen sich so sehr, dass es dich gibt! Sie lieben
dich genauso, wie du bist! Und natürlich darfst du du selbst sein! Du
darfst auch mal wütend sein und einen eigenen Willen haben! Sie

finden das klasse, wenn du dich selbst behauptest! Natürlich lassen sie dir nicht alles durchgehen und meckern auch mal! Aber niemals würden sie dir das Gefühl vermitteln, dass sie dich nicht lieb haben! Mit anderen Eltern wüsstest du, dass du, so wie du bist, gut bist, dass du absolut genügst!

Den obigen Abschnitt schneidest du je nachdem, welche Glaubenssätze du hast, individuell auf dich zu. Verkehr einfach deine negativen Glaubenssätze ins positive Gegenteil und sag sie deinem Kind auf. Bei den meisten Glaubenssätzen liegt die gegenteilige Formulierung auf der Hand, zum Beispiel: „Ich genüge nicht" in: „Ich genüge", falls du jedoch zum Beispiel den Satz hast: „Ich bin für dein Wohlbefinden verantwortlich", dann ist die Verkehrung nicht: „Ich bin nicht für dein Wohlbefinden verantwortlich", weil positive Glaubenssätze keine Verneinung, also kein „Nicht" oder „Kein" haben dürfen. Die positive Verkehrung von Glaubenssätzen, die ein Zuviel an Verantwortung für einen Elternteil beinhalten, lautet: „Ich darf mich abgrenzen!" oder: „Ich darf Ich sein!"

Falls du übrigens einen Menschen hast, dem du so weit vertraust, dass er in der Rolle des tröstenden Erwachsenen das Gespräch mit deinem inneren Kind führen kann, dann bitte ihn darum, dies zu tun. Dann brauchst du dich nur zurückzulehnen und kannst entspannt zuhören. In der Einzeltherapie spreche ich mit dem inneren Kind des Klienten und in den Seminaren machen wir diese Übung in Zweiergruppen. Die Teilnehmer beziehungsweise die Klienten erleben dies als sehr befreiend. Die meisten weinen, weil noch nie jemand so lieb zu ihnen gesprochen hat. Nach dem „Erstgespräch" solltest du selbst jedoch sooft es geht mit deinem inneren Kind sprechen, weil du deinen inneren Erwachsenen und dein inneres Kind ja schließlich immer dabei hast. Du kannst das Gespräch auch je nach deinen Bedürfnissen variieren, indem du zum Beispiel ganz konkret auf deine Ängste in der Partnerschaft Bezug nimmst. Darauf gehe ich im nächsten Abschnitt noch näher ein.

Das innere Kind und die Liebe

Wie ich bereits ausgeführt habe, entwickeln wir um unsere negativen Glaubenssätze herum Schutzstrategien, die jedoch das eigentliche Problem darstellen. Wenn das innere Kind beispielsweise glaubt, es sei wertlos und mangelhaft, dann würde das für sich genommen ihm und seinen Mitmenschen wenig Schaden bringen. Der Schaden erfolgt aus dem Selbstschutz, den der Erwachsene wählt, um sein inneres Kind zu beschützen. So zum Beispiel, wenn er sich dann von der Welt zurückzieht oder wenn er, um seine Minderwertigkeit zu kompensieren, einen überwertigen Ehrgeiz und Machthunger entwickelt.

Und genauso verhält sich das in Liebesangelegenheiten. Die Verlustangst oder die Angst vor Nähe-Überflutung sind ja nicht die Zustände, die als solche die Liebesbeziehung so kompliziert machen, sondern der Selbstschutz, den du wählst, um dich vor deiner Verlustangst oder vor Nähe-Überflutung zu schützen: Flüchten, Angreifen, Totstellen sind die Strategien, die dazu dienen sollen, dass du irgendwie im Lot bleibst. Und durch diese Strategien kommt es zu der komplizierten Dynamik in deinen Beziehungen beziehungsweise zu deren Scheitern. Wenn man jedoch seine alten Strategien aufgeben will, muss man neue Strategien finden, um sich beschützt zu fühlen, denn sich einfach schutzlos auszuliefern, das will kein Mensch riskieren und das muss ja auch nicht sein. Im Folgenden will ich dir gesunde Strategien an die Hand geben, mit denen du sowohl dich selbst beschützen als auch in einer Liebesbeziehung gedeihen kannst.

Gesunder Selbstschutz vor Nähe-Überflutung und Grenzverletzungen

Das Kind in dir hat heimlich beschlossen, dass es sich nie wieder so ausliefern und unterbuttern lässt wie von Mama und Papa. Es hat gelernt, dass Liebe nur um den Preis der Selbstaufgabe zu erhalten ist. Und es fühlt sich über die Maßen verantwortlich für das Wohlbefinden des Partners und für die Beziehung. Das Kind kriecht quasi innerlich in den Partner hinein und fängt mit feinsten Antennen dessen Wünsche und Stimmung auf. Es kann sich also ganz schlecht abgrenzen und bei sich bleiben. Oft ist es sich deshalb auch nicht sicher, was seine eigenen Bedürfnisse und was jene des Partners sind. Weil es sich automatisch so verantwortlich für das Wohlbefinden des Partners fühlt, fühlt es sich in dessen Nähe auch so unfrei. Die Grenzen zwischen Ich und Du verschwimmen. Zudem meint das Kind, wenn es sich zu einem wahrhaftigen „Ja" entschließen würde, dann hätte es ein für alle Mal sein Recht, noch einmal „Nein" zu sagen, verwirkt. Es hat Angst, etwas zu verpassen, wenn es sich auf einen Menschen festlegt. Es könnte ja noch etwas Besseres kommen. Es hat Angst, eine falsche Entscheidung zu treffen. Diese Angst hat es, weil es sich so über die Maßen verantwortlich fühlt für einen Partner und eine feste Beziehung deshalb als einengend erlebt. Das Kind ist überzeugt davon, dass es nicht es selbst sein darf, sondern sich für den Partner ein Stück weit verbiegen muss, um ihn glücklich zu machen. Deswegen muss der Partner auch perfekt passen, damit es sich möglichst wenig verbiegen muss.

Vielleicht hat das Kind aber noch eine weitere Last zu tragen, wenn nämlich seine Mama ihm vermittelt hat: „Du darfst mich nie verlassen!", dann glaubt es auch heute noch, es dürfte auch einen Partner nie wieder verlassen, wenn es einmal wirklich Ja gesagt hat. Auch deswegen ist es äußerst vorsichtig bei der Partnerwahl.

Eine feste Beziehung fühlt sich für dich an wie ein Gefängnis. Die allerschlimmste Fessel ist das enttäuschte Gesicht deines Partners. Enttäuschung schnürt dir die Luft ab, und anstatt die Erwartungen deines Partners zu erfüllen und diesen somit nicht zu enttäuschen, rennst du davon. Denn würdest du deinem Partner seine Erwartungen erfüllen, dann hätte das Kind in dir sofort das Gefühl, sich zu unterwerfen und sich selbst aufzugeben. Also ist die Freiheit die einzig sichere Option für dich.

Das Kind in dir muss also lernen, dass du auch in einer Liebesbeziehung ein freier Mensch sein – und dich selbst behaupten darfst. Das Paradoxe ist, dass du dich ständig abgrenzt und dich gegen die Ansprüche deines Partners stemmst, gerade weil du dich nicht gut abgrenzen kannst. Du grenzt dich viel mehr ab als ein Mensch mit guten Abgrenzungsfähigkeiten. Dies ist so, weil du so eine radikale Grenze benötigst, um dich frei zu fühlen, nämlich: die Abwesenheit deines Partners. Menschen, die sich innerlich und äußerlich gut abgrenzen können, fühlen sich auch frei, wenn der Partner bei ihnen ist. Sie fühlen sich nicht so verantwortlich für den Partner und deswegen stört er sie auch nicht. Also gerade weil dein inneres Kind meint, es müsste sich voll verantworten für den Partner, lehnt es Verantwortung in rigider Form ab. Das aversive Verantwortungsgefühl setzt bei dir schon ein, wenn dein Partner auch nur irgendeine Erwartung an dich richtet beziehungsweise wenn du dir eine Erwartung deines Partners einbildest. Da hast du bereits das Gefühl, du würdest dich unterwerfen, wenn du den Wünschen deines Partners nachgeben würdest. Das liegt daran, dass das Kind in dir im Partner die Mutter oder den Vater sieht, die oder der es bevormunden will. Gegen diese Vereinnahmung seiner Person will das Kind in dir sich trotzig verwehren.

Weil du im tiefsten Inneren nicht das Recht fühlst, „Nein" zu sagen und dich abzugrenzen, erzeugen die Erwartungen deines Partners in dir eine Menge Aggression. Dein Partner mit seinen Wünschen überschreitet oft deine persönliche Grenze. Die Grenze wird manchmal schon dadurch überschritten, dass dein Partner sich nur in der Nähe, zum Beispiel in deiner Wohnung aufhält. Deswegen scheust du vielleicht auch davor zurück, mit ihm zusammenzuziehen. Du empfindest den Partner in deiner Wohnung als einen Eindringling. Die Wohnung ist dein Schutzrevier: „My home is my castle." Castle heißt ja auf Englisch sowohl Schloss als auch Burg. Und genau darum geht es: Weil du dich innerlich schlecht abgrenzen kannst, benötigst du handfeste äußere Grenzen, also eine Burg um dich herum.

Weil Bindungsängstliche übersensibel auf vermeintliche Grenzverletzungen reagieren, beschützen sie sich auch, indem sie körperlich Abstand zu ihrem Partner halten. Das Gefühl der Nähe-Überflutung macht sich naheliegender Weise besonders im Körperkontakt bemerkbar. Einige Betroffene küssen deswegen auch nicht gern. Es gibt Betroffene, die nie küssen. Viele küssen nur in der kurzen verliebten Anfangszeit, dann nicht mehr. Küssen ist zu invasiv. Beim Sex haben sie auch oft das Gefühl, zu viel von sich hinzugeben, überflutet zu werden, sich in der Nähe selbst aufzulösen. Den besten Sex haben sie, wenn die Beziehung noch nicht nah und verbindlich ist – also in der Anfangsphase der Beziehung –, oder bei flüchtigen, unverbindlichen Affären. Oder wenn sie gerade mal wieder einen krassen Streit mit ihrem Partner hinter sich oder sich sogar getrennt haben. Dann können sie durchaus noch einmal Leidenschaft zulassen. Du musst deinem inneren Kind sagen: Ich bin groß und erwachsen. Ich kann frei und authentisch leben, ohne dass dir etwas passiert. Ich darf mich abgrenzen und auch mal keine Lust haben. Ich darf auch den Sex mitgestalten und mitbestimmen. Ich darf auch beim Sex ich selbst sein. Und ich darf meinem Partner ruhig vertrauen. Heute bin ich groß und darf mitbestimmen.

Das innere Kind von Näheüberfluteten hat unter anderem Glaubensätze wie: „Ich bin 100 Prozent für dein Wohlergehen verantwortlich!", „Ich darf nicht ich selbst sein!", „Ich muss immer für dich da sein!", „Ich darf nicht wütend sein!", „Ich darf mich nicht wehren!", „Ich muss mich dir anpassen!", „Ich muss all deine Erwartungen erfüllen!", „Ich muss gehorchen!", um nur einige Beispiele zu nennen. Um sich vor diesen Sätzen zu schützen, hat es das totale Antiprogramm entwickelt: Es verteidigt erbittert seine Grenzen. Dies tut es, indem es sich auf zahlreichen Wegen den Erwartungen seines Partners entzieht: Flucht, Angreifen, Totstellen.

Es liegt also auf der Hand, dass das innere Kind lernen und begreifen muss, dass der Partner oder die Partnerin nicht Mama oder Papa sind und dass du heute erwachsen bist und dich wehren darfst. Dein innerer Erwachsener muss dem Kind also die Situation begreiflich machen, zum Beispiel so: „Mein armer Schatz, das war damals ganz schön schwierig mit der Mama. Sie wollte immer, dass du ganz viel für sie da bist. Du solltest ihr die Sonne vom Himmel holen. Sie war immer so traurig wegen Papa. Und du hast dich damals unheimlich angestrengt, alles richtig zu machen. Gut in der Schule zu sein, sie nicht zu enttäuschen. Du hast auch oft darauf verzichtet, mit deinen Freunden zu spielen, damit du bei Mama sein und sie trösten konntest. Aber geschafft hast du es nie. Mama war irgendwie nie so richtig glücklich – egal, wie sehr du dich angestrengt hast! Und heute denkst du immer, du müsstest bei der Silke (Name deines Partners einsetzen) genauso sein; dürftest sie niemals enttäuschen, müsstest immer bei ihr sein. Und das macht dich dann irgendwie so wütend, weil du nie wieder so leiden willst wie damals. Du willst du selbst sein und nicht der Silke ständig aus der Hand fressen. Aber guck doch mal, mein Schatz, das ist doch die Silke! Und nicht die Mama! Außerdem sind wir doch heute erwachsen. Natürlich musst du nicht ständig bei Silke sein und ihr alles recht machen. Außerdem erwartet die

Silke das doch gar nicht, das meinst du nur immer wegen der Mama früher. Die Silke will halt nur, dass wir auch öfter mal mit ihr etwas unternehmen, mal in Urlaub fahren, mal irgendwann zusammenziehen. Aber das ist doch auch gar nicht schlimm. Es wird nie wieder wie bei Mama werden, das ist vorbei. Für immer. Du bist auch nicht abhängig von Silke, und Silke hat keine Macht über dich wie damals Mama. Du darfst du selbst sein, du darfst auch „Nein" sagen und du darfst Silke auch mal enttäuschen. Das tust du übrigens sowieso schon die ganze Zeit, weil du immer wegläufst. Also schau doch mal, anstatt dass wir das nächste Mal einfach davonlaufen, reden wir mit der Silke mal ein offenes Wort und erzählen ihr mal, wie es in dir aussieht ..."

So könnte sich also ein Dialog mit deinem inneren Kind anhören. Auf der Erwachsenenebene geht es darum, sich ganz bewusst zu machen, dass die Bindungsangst eine reine Projektion aus der Kindheit ist, die mit dem Partner gar nichts zu tun hat. An dieser Stelle wirst du vielleicht den Einwand bringen, dass dein Partner aber tatsächlich enttäuscht ist, wenn du dich immer wieder von ihm abgrenzt und dein eigenes Ding machst, und dass er tatsächlich erwartet, dass du Verantwortung für ihn übernimmst. Das ist richtig. Aber das liegt daran, dass du maßlos übertreibst. Aus lauter Angst, in eine unterlegene Position zu kommen, sagst du nicht ab und zu mal „Nein", sondern du befindest dich in einer chronischen Verweigerungshaltung, und die macht deinen Partner so wütend und enttäuscht. Wenn du fünfmal die Woche abends zum Sport gehst und darauf beharrst, dass dies dein persönlicher Freiraum sei, dann ist dein Partner natürlich enttäuscht und genervt. Wenn du jedoch im tiefsten Inneren das Gefühl hättest, dass du – auch in einer Partnerschaft – ein freier Mensch bist, dann könntest du *freiwillig!* an zwei Abenden zu Hause bleiben. Das macht den Unterschied. Wenn du von deinen Rechten im tiefsten Inneren überzeugt wärst, dann hättest du beim „Ja"-Sagen das Gefühl, dass *du* das willst und nicht dein Partner über dich fremdbestimmt. Wenn du deinen Partner endlich mal auf Augenhöhe und nicht aus der Froschperspektive (Kindperspektive) wahrnehmen würdest, dann könntest du ihn auch mehr lieben, weil er nicht mehr dein Feind, sondern dein Freund wäre. Und dann hättest du auch öfter Lust, mit deinem Partner zusammen zu sein, anstatt zum Sport zu gehen.

Gesunder Selbstschutz für Verlustängstliche

Wenn du zu jenen gehörst, die stärker Verlustangst als Vereinnahmung fühlen, dann schützt du dich, indem du immer einen gewissen Sicherheitsabstand zum Partner hältst oder erst gar keine Beziehung eingehst. Sobald du spürst, dass die Beziehung richtig schön und nah wird, packt dich ein Angstgefühl, wieder alles zu verlieren. Das Kind in dir hat unheimlich viel Angst davor, abgelehnt zu werden. Deswegen kannst du auch so tierisch eifersüchtig werden. Die Eifersucht ist eine grausame Fessel der Leidenschaft. Du willst dich deinem Partner deswegen nicht so ausliefern, dass er so viel Macht über dich gewinnt, dass du dieses ätzende Gefühl aushalten musst. Deswegen rettest du dich nach besonders nahen und schönen Momenten wieder in die Autonomie. Das heißt, du sorgst wieder für Unabhängigkeit, indem du dich in die Arbeit stürzt, tagelang verschwindest, eine Affäre beginnst, dich innerlich abschottest, Streit anfängst, deinem Partner eifersüchtige Szenen machst und so weiter. Auf jeden Fall unternimmst du irgendetwas, um die Harmonie zu zerstören und dich wieder ein Stück unabhängiger zu machen. Dein inneres Kind glaubt nicht an die Liebe. Es hat nicht erlebt, dass Liebe gut gehen kann. Deine Eltern haben vielleicht zu viel gestritten oder deine Mutter wurde immer wieder verlassen. Zudem hast du dich als Kind nicht rundum geliebt gefühlt. Eher nur dann, wenn du gewisse Bedingungen erfüllt hast oder auch noch nicht einmal dann. Du hast gelernt, dass die einzig sichere Option in diesem Leben ist, sich auf sich selbst zu verlassen. Dein Kind hat unter anderem Glaubenssätze, die so lauten: „Ich bin wertlos", „Ich genüge nicht", „Ich falle dir zur Last", „Du verlässt mich sowieso", „Ich bin hässlich", „Mich kann man nicht lieben", „Ich muss perfekt sein", „Ich darf keine Fehler machen!".

Auch du meinst, ähnlich wie deine Leidensgenossen, die eher unter Grenzverletzung und Nähe-Überflutung leiden, dass du dich für die Liebe verbiegen müsstest. Weil du denkst, dass du nicht genügst – so wie du wirklich bist – meinst du, dich sehr anstrengen und Teile von dir verstecken zu müssen, wenn dein Partner bei dir bleiben soll. Aber das ist dir auf die Dauer zu anstrengend, und eigentlich sehnst du dich danach, dass dich jemand liebt, so wie du wirklich bist. Die Verlustangst und das Gefühl, nicht du selbst sein zu dürfen, führen dazu, dass du dich am wohlsten fühlst, wenn du allein in deinen vier Wänden bist. Dort bist du sicher und darfst ganz du selbst sein.

Für dich ist es ganz wichtig, dass dein inneres Kind versteht, dass es gut genug ist, so wie es ist. Das Kind in dir muss begreifen, dass es authentisch sein darf und sich nicht verstecken muss. Es ist liebenswert – auch und gerade ohne Schutzmaske. Und noch etwas muss dein inneres Kind unbedingt lernen: Es wird überleben, wenn die Beziehung scheitern sollte. Du meinst nämlich, du würdest daran zugrunde gehen, wenn dein Partner dich verlassen würde. Das stimmt aber nicht. Du wärst gestorben, wenn deine Eltern dich nicht gefüttert hätten, aber heute bist du erwachsen und tatsächlich viel unabhängiger und autonomer als du glaubst. Du wirst zwar traurig sein, wenn dein Partner dich ver-

lassen sollte. Aber ein großer Teil deiner Trauer wäre dadurch bestimmt, dass du denkst, es wäre deine Schuld, wenn er geht, weil du mal wieder nicht genügt hättest. Also weinst du eigentlich mehr um dich selbst als um deinen Partner. Wenn dir aber mal endlich klar wird, dass du sowieso genügst, unabhängig davon, was dein Partner veranstaltet, dann wirst du dich auch direkt stärker und mutiger fühlen. Dir sollte auch klar sein, dass die Beziehung eher scheitert, wenn du so weitermachst wie bisher. Irgendwann könnte deinem Partner nämlich die Puste ausgehen bei dem ganzen Hin und Her, das du veranstaltest.

Aber das ist vielleicht auch gar nicht dein gefühltes Problem. Du fühlst vielleicht nur Zweifel am Partner und bist dir nicht sicher, ob du ihn liebst. Dies könnte daran liegen, dass du dir wegen deiner Selbstzweifel einen Partner gesucht hast, dem du dich nicht so stark unterlegen fühlst, der also eigentlich gar nicht dein Typ ist – nicht wirklich das ist, was du willst. Dann könnte es sein, dass du tatsächlich mal den Mut aufbringen müsstest, dir jemand zu suchen, der dir wirklich gut gefällt.

Es kann aber auch sein, dass deine Liebesgefühle erlöschen, weil deine Verlustangst zu viel Stress in dir auslöst. Um dich von diesem Stress zu befreien, macht deine Seele einen kleinen Trick und stellt die Liebesgefühle ab, damit du erlöst bist und dich wieder frei und unabhängig fühlen kannst. Deswegen ist es wichtig, dass du dich mit deiner Verlustangst beschäftigst. Sobald deine Verlustangst sich auf ein erträgliches Maß reduziert, kannst du dann auch deine Liebesgefühle für deinen Partner bewahren. Deine mangelnde Liebe kann aber auch damit zu tun haben, dass dein inneres Kind nicht mit seinen eigenen Schwächen und mit jenen deines Partners umgehen kann. Dein Kind verabscheut Schwäche, Schwächen törnen es unheimlich ab. Dein Partner hat den Auftrag, dich aufzuwerten und zu schmücken, er darf dir also keinesfalls Schande machen. Außerdem bist du sehr ehrgeizig und willst dich immer weiter verbessern. So überlegst du auch, ob du nicht noch einen besseren Partner finden kannst. Wenn dem so ist, dann solltest du dir ganz bewusst machen, dass dein Perfektionsstreben dich absolut ins Leere führen wird, weil du niemals Perfektion erreichst und deine Suche nie zu einem befriedigenden Ende führt. Du wirst dich irgendwann sehr einsam fühlen, weil du auf deinem Weg viele liebenswerte Menschen verlassen hast. Mach dir bewusst, dass du auch *mit* deinen Schwächen liebenswert bist. Und mach dir bewusst, dass du niemals einen Partner finden wirst, der perfekt und fehlerfrei ist – weil es solche Menschen nicht gibt. Auch du wirst es niemals schaffen, perfekt zu sein, leg diesen Anspruch ab, er macht dich nur unglücklich. Ein gesunder Selbstschutz bedeutet für dich, dass du dich selbst annimmst mit deinen Stärken und deinen Schwächen. Du musst ein realistisches Bild von dir und deinem Partner entwickeln, oder wenn du keinen Partner hast, deine Ansprüche an deinen fiktiven Partner auf ein realistisches Maß bringen. Solange es dir schwerfällt, dich selbst zu mögen, wird es dir auch schwerfallen, ein stabiles Liebesgefühl für einen Partner zu entwickeln.

Sprich immer wieder mit deinem inneren Kind und mach ihm immer wieder klar, dass Mama und Papa damals Fehler gemacht haben und dass das Kind keine Schuld trifft. Wiederhole sooft es geht die Übung, die ich unter „Gespräch mit dem inneren Kind" vorgestellt habe. Zudem werden dir die weiteren Tipps helfen, die ich auf den folgenden Seiten gebe und die sowohl für Bindungsängstliche mit Nähe-Überflutung als auch mit Verlustangst zutreffen.

Dein Partner ist nicht dein Feind!

Wie ich ja nicht müde werde zu betonen, ist ein labiles Selbstwertgefühl die Ursache von Bindungsangst. Die Bindungsängstlichen fühlen sich aufgrund ihrer Kindheitsprojektion nicht wirklich gleichberechtigt. Sie sind unbewusst identifiziert mit ihrem
inneren Kind und nehmen ihren Partner in der Funktion eines
oder beider Elternteile wahr. Hierdurch projizieren sie in ihren
Partner sehr viel Macht. Der Partner hätte die Macht, ihnen sehr
wehzutun. Er hätte die Macht, sie eiskalt fallen zu lassen, wenn
sie sich wirklich auf die Beziehung zu ihm einließen, und/oder er
hätte die Macht, sie fremdzubestimmen, ihnen Vorschriften zu
machen. Dagegen verwehren sich die Bindungsängstlichen mit
Händen und Füßen. Aufgrund ihrer Fantasien und Projektionen
mutiert der Partner in ihrer Wahrnehmung zunehmend zum
Feind. Dies ist auch ein Grund, warum die Liebesgefühle im
Verlauf der Beziehung schwächer werden oder ganz verloren
gehen.

Es ist also ganz wichtig, dass du dir immer wieder bewusst
machst, dass du auf Augenhöhe bist mit deinem Partner. Er oder
sie hat nicht die Macht wie damals die Eltern. Du bist genauso viel
Wert und hast die gleichen Rechte. Alles, was du tun musst, ist
reden, anstatt dich abzuschotten. Deine Selbstbehauptung liegt
im Rückzug oder auch im aggressiven Angriff. Aber es gibt noch
eine andere und viel bessere Möglichkeit, nämlich ein vernünftiges Gespräch.

Alle Bindungsängstlichen, die zu mir in Therapie oder auf ein
Seminar kommen, machen die Erfahrung, dass ihre Beklemmungen und ihre Ängste sich reduzieren oder auflösen, wenn sie mit
ihrem Partner ein offenes Wort sprechen. Sie erleben es als unge-
heuer beruhigend und wohltuend, mit ihrem Partner über ihre
Ängste und seelischen Vorgänge zu sprechen. Die Lösung lautet
also *Offenheit statt mauern.*

Erzähl deinem Partner, was in dir vorgeht. Erzähl ihm von
deinen Eltern und wie du dich heute in einer Partnerschaft fühlst.
Erkläre ihm deine Beklemmungen und Befürchtungen. Rede mit
ihm über dieses Buch und deine Einsichten. Sag ihm, dass du
auch immer wieder Zweifel hast, ob er der oder die Richtige ist,
weil du dir unsicher bist, ob es an dir und deiner Bindungsangst

liegt oder daran, dass ihr doch nicht so gut zusammenpasst. Du wirst sehen, dass du deinem Partner vertrauen kannst. Und falls du dann feststellst, dass du ihm nicht vertrauen kannst, dann weißt du wenigstens, woran du mit ihm bist, und brauchst auch nicht weiter im „Jein!" herumzueiern. Du bist aufgrund deiner Kindheitserfahrungen wahrscheinlich nicht der oder die Vertrauensseligste, aber bitte glaube mir, dass Vertrauen sich in den meisten Fällen lohnt. Und wie gesagt, falls du feststellen solltest, dass du deinem Partner tatsächlich nicht vertrauen kannst, dann kannst du daraus ja auch deine Konsequenzen ziehen. Das ist auf jeden Fall besser, als weiterzumachen wie bisher.

Viele Bindungsängstliche scheuen das offene Gespräch auch aus Angst, den Partner zu verletzen. Das sind vor allem jene, die sich ständig verantwortlich für die Gefühle des Partners wähnen. Mach dir bitte bewusst, dass du deinen Partner mit deinem Rückzug und Mauern viel mehr verletzt, als wenn du dich ihm öffnest. Es mag zwar manchmal schmerzhaft für deinen Partner sein, wenn er hört, was so in dir vorgeht, aber hierdurch bekommt er überhaupt erst eine Chance, mal Anteil an dir zu nehmen. Erst durch Reden wird ein Weg zum Miteinander gebahnt. Es wird dich sicherlich Mut kosten, zumal du es nicht gewohnt bist, dir so in die Karten schauen zu lassen. Dein Weg war ja bisher der des einsamen Kriegers. Aber du wirst erleben, dass du dich sicherer und wohler fühlst, wenn du anfängst, dich zu öffnen und andere an dir teilnehmen zu lassen.

Mach dir immer wieder bewusst, dass du längst nicht der Einzige mit einem „kleinen Defekt" bist, alle Menschen haben ihr Päckchen zu tragen. Außerdem mach dir bewusst, dass es deinem Partner gegenüber wesentlich fairer ist, denn er hegt – genau wie du – massive Selbstzweifel und meint ständig, *er* sei daran schuld, dass du dich so verhältst. Dein Partner denkt, wenn er nur irgendwie besser und schöner wäre, dann würdest du dich voll zu ihm bekennen. Das stimmt aber nicht, weil du immer so bist. Erst wenn du deine Bindungsangst überwindest, kannst du wirkliche Nähe zulassen. Ein wichtiger Schritt hierzu ist, deinen Partner Anteil an dir nehmen zu lassen. Und wenn du keinen Partner hast, dann sprich mit Freunden über dein Problem. Und wenn du keine Freunde hast, dann suche dir welche. Die Welt ist voll von netten Menschen.

Ganz wichtig ist, dass du dir selbst gegenüber aufmerksam bleibst und dich innerlich genau beobachtest, damit du nicht reflexartig und automatisiert in deine alten Muster verfällst.

Behalte dich genau im Auge!

Wenn wir uns verändern wollen, dann müssen wir uns zunächst einmal ertappen und selbst erkennen. Bindungsängste sind deswegen so verflixt, weil sie „undercover" ablaufen. Die Betroffenen nehmen nur die Symptome, also ihre Engegefühle und Fluchtwünsche und ihre Zweifel an der Partnerschaft wahr, aber nicht das dahinter liegende Programm. Diese Programme haben ein gemeinsames Muster, sie sind also verallgemeinerbar, aber sie weisen natürlich auch individuelle Schattierungen auf. Jede Kindheit ist anders, jeder Mensch einmalig. Deswegen kann ich dir hier nur die Marschrichtung vermitteln, aber du musst meine Vorgaben mit deinen ganz persönlichen Inhalten füllen. Und dafür ist es unabdingbar, dass du dich möglichst ganz genau wahrnimmst. du musst dich rechtzeitig ertappen, wenn zum Beispiel gerade mal wieder die Wut in dir hochkriecht, weil du meinst, dein Partner wollte dich vereinnahmen. Dann leg ganz bewusst einen inneren Abstand zu diesem Gefühl ein. Versuche erwachsen zu bleiben und nicht in die Haltung und das Verhalten deines inneren Kindes abzurutschen. Und dann analysiere mit deinem erwachsenen Verstand, was dieses Gefühl mit der Wirklichkeit zu tun hat. Mach dem Kind in dir immer wieder bewusst, dass die Situation heute eine ganz andere als früher ist. Du bist erwachsen, genauso viel wert wie dein Partner, du darfst dich jederzeit selbst behaupten oder auch gehen. Nur ist es dafür notwendig, mit Kanonen auf Spatzen zu schießen? Bedeutet es wirklich die totale Vereinnahmung deiner Person, wenn dein Partner dich lieb bittet, die Nacht bei ihm zu verbringen oder mal gemeinsam zu verreisen? Mach dir immer wieder bewusst, dass du aufgrund deiner Kindheit sehr leicht verunsichert bist, was du selbst eigentlich willst und was von außen kommt. Oft weißt du ja lediglich, dass du dich nicht von deinem Partner bestimmen lassen willst, aber was du eigentlich selbst willst, ist dir unklar.

Achte auf deine Wünsche und Bedürfnisse!

Bindungsängstliche haben zumeist Schwierigkeiten zu spüren, was sie wollen. Als Kinder waren sie zu sehr damit beschäftigt, die Vorgaben ihrer Eltern zu erfüllen und für diese gewissermaßen Verantwortung zu übernehmen, als dass ihnen noch viel Raum für ihre eigenen Bedürfnisse und Wünsche geblieben wäre. Deswegen ist ihr Kontakt zu ihren inneren Vorgängen und Gefühlen etwas brüchig. Gleichzeitig spüren sie gewohnheitsmäßig, was ihr Partner vielleicht von ihnen wollen könnte. Sie spüren also häufig die vermeintlichen Gefühle ihres Partners deutlicher als ihre eigenen. Und genau dieser Vorgang löst in ihnen das Gefühl aus, von ihrem Partner eingenommen, bedrängt und fremdbestimmt zu werden. Bindungsängstliche können im Kontakt mit ihrem Partner – und häufig auch mit anderen Menschen – schlecht bei sich bleiben. Sie können nicht richtig zwischen ihren eigenen und den Wünschen ihres Partners unterscheiden. Und weil sie so wenig geübt darin sind, darauf zu achten, was sie selbst fühlen und wollen, wissen sie häufig auf diese Frage auch keine Antwort. Sie wissen lediglich, dass sie nicht einfach das machen wollen, was ihr Partner von ihnen erwartet. Um ein Gefühl für sich selbst zu haben – ihre eigenen Grenzen zu spüren –, müssen sie sich deswegen auf einer äußeren Ebene immer wieder abgrenzen und gegen den Partner abschotten. Wenn sie allein sind, können sie sich am besten selbst spüren. Dann fällt es ihnen leichter, ein Gefühl zu sich selbst herzustellen.

Es ist also wichtig, dass du lernst, deine eigenen Wünsche besser wahrzunehmen, damit du ein deutlicheres Gefühl für deine eigenen Grenzen entwickelst. Die Selbstwahrnehmung kannst du trainieren, indem du dich immer wieder über den ganzen Tag verteilt fragst: Was fühle ich gerade? Was will ich? Fang direkt morgens bei kleinen Entscheidungen damit an. Frag dich, aus welcher Tasse du deinen Kaffee trinken willst und worauf du zum Frühstück Lust hättest. Und so machst du den ganzen Tag weiter – immer wieder hältst du inne und fragst dich, wie du dich gerade fühlst und wonach dir zumute ist. Versuche bitte deine Gefühle und Bedürfnisse auch auf einer körperlichen Ebene zu spüren. Gefühle äußern sich durch körperliche Empfindungen, wie beispielsweise ein Kribbeln im Bauch, ein Engegefühl in der Brust,

Herzklopfen, Ziehen, Stechen, Wärme oder Kälte in einem bestimmten Bereich.

Stell dir mal etwas ganz Schönes vor, etwas, was dir unheimlich viel Freude bereitet, und dann spür mal in dich, wie sich das
im Brust-Bauchraum anfühlt. Und dann stell dir einmal etwas
ganz Unangenehmes vor und spür ebenso in dich hinein. Die
meisten Menschen können bei dieser Übung sehr unterschiedliche Empfindungen feststellen.

Falls du zu jenen gehören solltest, die gar keine Empfindung
feststellen können, dann spür mal, wie es für dich ist mit diesem
Leere-Gefühl, wenn da also gar nichts ist. Es geht einfach darum,
einen Kontakt nach innen herzustellen und zu fühlen, was da ist.
Und dann spür einmal nach, wie sich eine Entscheidung, zu der
du voll und ganz stehst, anfühlt. Zum Beispiel für ein Hobby, das
du sehr gern betreibst, und einen Freund, mit dem du sehr gern
befreundet bist. Und entsprechend stellst du dir eine Entscheidung *gegen* etwas vor, zu der du voll und ganz stehst, und fühlst
in dich hinein – zum Beispiel gegen Rassismus. So kannst du dir
bewusst machen, wie sich klare Entscheidungen in dir anfühlen.
Und dieses Gefühl kannst du bewusst zurate ziehen, wenn du eine
Entscheidung treffen musst.

Natürlich kannst du nicht jedem Bedürfnis nachgeben, schließlich sind wir auch in gewisse Zwänge eingebunden, aber es ist
wichtig, dass du überhaupt mal feststellst, was du gern hättest. Je
mehr du einen Draht zu dir selbst entwickelst, desto stärker wird
dein Ich-Gefühl. Und desto gesündere innere Grenzen entwickelst
du, weil du zwischen deinen Wünschen und jenen deines Partners
zu unterscheiden lernst.

Fühle, was du fühlst!

Als Kind hast du gelernt, einige deiner Gefühle zu unterdrücken,
um von deinen Eltern angenommen zu werden. Bei den meisten
war im Elternhaus das Gefühl der Wut unerwünscht. Die Kinder
sollten sich beherrschen und gehorchen. Oder die Eltern waren
selbst oft wütend und haben sich so viel gestritten, dass das Kind
seine eigene Wut unterdrückt hat, damit es nicht noch mehr Stress
daheim gibt. Wut ist aber ein wichtiges Gefühl, denn sie hilft, uns
selbst zu behaupten und uns abzugrenzen. Ohne Wut könnten wir

uns nicht verteidigen. Wut darf also sein. Wir müssen lediglich lernen, mit der Wut richtig umzugehen. So ist es weder angebracht, sie wegzudrücken, noch ist es günstig, besinnungslos um sich zu schlagen. Bindungsängstliche haben in der Regel keinen angemessenen Umgang mit Wut und Aggression gelernt, entweder sind sie zu impulsiv oder zu aggressionsgehemmt. Im ersten Fall sind sie vorwiegend aktiv aggressiv im zweiten Fall passiv aggressiv (vgl. aktive und passive Aggressionen, Seite 37). Deswegen sei ganz aufmerksam, wann du Wut verspürst und was dich wütend macht. Und spüre auch hier nach, wie sich die Wut in deinem Körper anfühlt.

Analysiere mithilfe deines erwachsenen Verstandes, was die Wut mit deinem Selbstwertgefühl, was sie mit Mama und Papa und was sie mit deinem Partner zu tun hat. Wut entsteht entweder, weil jemand unsere Grenzen verletzt, oder, weil wir uns gekränkt fühlen. In beiden Fällen ist es wichtig zu schauen, woher die Wut kommt und ob sie wirklich dem aktuellen Anlass angemessen ist. Hierfür ist es wichtig, dass du erkennst, was deine wunden Punkte, deine sogenannten Trigger sind. Wenn dein inneres Kind zum Beispiel häufig die Erfahrung gemacht hat, dass es nicht wichtig ist und seine Meinung nicht zählt, dann kann der innere Glaubenssatz „Ich bin nicht wichtig!" dazu führen, dass es unheimlich empfindlich auf jegliche Form der Missachtung seiner Person reagiert. Weil das innere Kind überzeugt davon ist, dass es nicht respektiert wird, rechnet es ständig damit, respektlos behandelt zu werden, und deutet deswegen die Handlungen seiner Mitmenschen häufig in diese Richtung. Dies kann dazu führen, dass es ein freundliches Lächeln seines Gegenübers als „blödes Grinsen" auffasst oder einen neutralen Blick als abwertend. Sobald das Kind dann eine vermeintliche Missachtung erfährt, wird es wütend. Wenn der Mensch sich jedoch bewusst ist, dass er sich aufgrund seiner Kindheit schnell respektlos behandelt fühlt, dann kann er viel besonnener mit seiner Wut und solchen Situationen umgehen. Weil er sein Muster kennt, hat er einen Plan für sich entworfen, wie er seine Impulsivität besser regulieren kann. Zum Beispiel könnte er sich bewusst selbst dazu anhalten, die Ruhe zu bewahren und kurz darüber nachzudenken, ob seine Interpretation der Wirklichkeit überhaupt stimmt. Durch diese kleine innere Distanz kann er kurz überlegen: Gibt es alternative Deutungen für das Verhalten oder die Aussage meines Gegenübers? Zudem hat er gelernt, sein Gegenüber einfach zu fragen: „Wie meinst du das denn jetzt?", wenn er sich unsicher ist, wie eine bestimmte Aussage oder ein Verhalten zu deuten ist.

Aber auch Trauer, Hilflosigkeit und Scham sind Gefühle, die gefühlt werden dürfen und müssen. Gerade Männer tun sich mit den sogenannten schwachen Gefühlen schwer. In ihrer Sozialisation haben sie gelernt, dass Mann Trauer und Schmerz nicht fühlen darf. Sie schämen sich und reagieren auf diese Gefühle häufig mit Aggressionen. Deswegen verstecken sich hinter aggressiven Verhaltensweisen bei Jungen und bei Männern oft depressive Gefühle.

Trauer und Hilflosigkeit stellen sich bei Bindungsängstlichen auch oft ein, wenn sie eigentlich mit ihrem Partner glücklich sein könnten. Ihr Unterbewusstes, also das Kind in ihnen, assoziiert mit Bindungsgefühlen traurige, trostlose Kindheitserfahrungen. Liebe und Bindung lassen sie sich hilflos fühlen, weil sie ihren Eltern ausgeliefert waren. Manche Bindungsängstliche werden sogar richtig depressiv, so stark ist ihr inneres Kind mit Erfahrungen des totalen Ausgeliefertseins assoziiert. Wenn du feststellst, dass dein inneres Kind Gefühle der Trauer, der Hilflosigkeit, der Scham etc. auf die aktuelle Situation und den Partner überträgt, dann redest du mit ihm, genauso wie ich es dir gezeigt habe, und erklärst ihm, wie das damals mit den Eltern war und dass die heutige Wirklichkeit eine ganz andere ist.

Es ist also wichtig, dass du dir deiner Gefühle bewusst wirst. Je bewusster du alle inneren Vorgänge in dir wahrnimmst, desto genauer kannst du dich erkennen und desto effektiver kannst du mit deinem erwachsenen Verstand gegenregulieren. Im Übrigen wirst du feststellen, dass du auch wieder mehr Lebensfreude, Begeisterung und Glück verspürst, wenn du dir erlaubst zu fühlen. Die Hüter des Unbewussten sind nämlich Grobiane: Sie können nicht zwischen schlechten und guten Gefühlen unterscheiden und machen deswegen einen Deckel auf alle Gefühle. Die Betroffenen haben dann zwar keine großen emotionalen Ausschläge, sie sind also emotional recht stabil, aber es fühlt sich alles auch irgendwie so gleich und so sinnlos an. Sie können sich nicht mehr richtig freuen.

Kinder freuen und begeistern sich mit ihrem ganzen Körper. Sie hüpfen und klatschen in die Hände, wenn sie Glück empfinden.

Das innere Kind in dir ist ja nicht nur traurig und verstimmt – versuche mal deine guten alten Kindergefühle von Ganzkörperfreude und Begeisterung hervorzuholen. Und zwar nicht nur auf dem Fußballplatz. Fußball ist auch deswegen so beliebt, weil man hier allen Gefühlen hemmungslos ihren Lauf lassen darf: den Tränen und dem Jubel. Im Fußballstadion freuen sich die Menschen auch wieder wie die Kinder ganzkörperlich: Sie springen von den Sitzen, reißen die Arme hoch und tanzen. Es wäre schön, wenn du diese lebendigen Emotionen viel mehr in deinen Alltag integrierst. Das macht das Leben bunt und reich.

Sei du selbst!

Alles, worauf es ankommt, damit man im Leben und in der Liebe glücklich wird, ist, dass man sich traut, ein authentisches Leben zu führen. Viele Menschen denken und handeln in Rollen. Sie spielen im Beruf die Rolle des Bankangestellten, daheim die Rolle des Vaters und im Freundeskreis die Rolle der immer gut Gelaunten und so weiter. Viele Menschen trauen sich nicht, sie selbst zu sein. Gewohnheitsmäßig schauen sie, was ihr Gegenüber erwartet, und sind bemüht, diese Erwartung zu erfüllen. Bindungsängstliche meinen, so wie sind, genügten sie nicht. Sie haben eine Menge Strategien erworben, um sich selbst zu verstecken. Auch in einer Liebesbeziehung meinen sie, eine bestimmte Rolle spielen zu müssen. Zudem sind viele – auch mit ihrem erwachsenen Verstand – davon überzeugt, dass ihr Partner sie tatsächlich ablehnen würde, wenn sie nicht seine Erwartungen erfüllen. Sie glauben, dass man sich wirklich sehr anpassen und starke Kompromisse in einer Partnerschaft eingehen muss. Ein Klient von mir hatte Beklemmungen bei der Vorstellung, dass seine Freundin ihn öfter besuchte, weil er tatsächlich meinte, seine Wohnung müsse dann immer perfekt aufgeräumt sein. Außerdem dachte er, seine Freundin erwartete bestimmt, dass er für sie kochen würde, aber das war gar nicht sein Ding. Wenn dieser Klient Freunde zu Besuch hatte, war er immer bemüht, der perfekte Gastgeber zu sein (seine Mutter kochte dann für ihn), und er glaubte, diese Rolle auch bei seiner Freundin spielen zu müssen. Ein anderer Klient war über sehr viele Jahre seines Lebens alkoholabhängig. Im Suff kam es zu fürchterlichen Auseinandersetzungen mit seiner Lebensgefährtin,

mal ganz abgesehen von weiteren Zumutungen durch seine bindungsgestörten Manöver. Gleichwohl hielt seine Freundin über
20 Jahre zu ihm. Als er seinen Entzug hinter sich hatte und seine
Bindungsangst reflektierte, fragte er sich allen Ernstes, ob seine
Lebensgefährtin es denn aushielte, wenn er mehr zu sich selbst
und seinen Bedürfnissen stünde!

Ich bin immer wieder tief erstaunt, wie sehr Bindungsängstliche einerseits meinen, sie müssten den Erwartungen ihrer Partner voll genügen, und gar nicht glauben können, dass sie ihre eigenen Bedürfnisse und Wünsche in eine Partnerschaft einbringen
dürfen, und sich andererseits durch ihre bindungsängstlichen Veranstaltungen dem Partner in eine Weise zumuten, die weitaus
schlimmer ist, als einfach mal zu sich selbst zu stehen. So hatte ja
auch der Klient, der meinte, er müsse der perfekte Gastgeber sein,
eine recht bizarre Risikoeinschätzung vorgenommen: Er fand es
für seine Freundin zumutbarer, dass sie ihn nicht besuchen darf,
als dass eine benutzte Kaffeetasse in der Spüle steht. An diesem
Beispiel kann man sehr schön erkennen, zu welcher Egozentrik die
Ich-Ängste führen können. Denn es ging diesem Klienten ja nicht
um die etwaigen Gefühle seiner Freundin, sondern um seine perfekte Außendarstellung, mit der er seine tief gefühlte Angst vor
Ablehnung zu kompensieren suchte.

Die Erwartungen, die Bindungsängstliche in ihre Partner hin-
einfantasieren, lassen Partnerschaften für sie so anstrengend werden. Für ihren Unmut machen sie jedoch in der Regel ihren Partner verantwortlich. Sie meinen, „die Beziehung" würde sie einen-
gen. Zumindest glauben sie dies, wenn sie sich ihrer selbst nicht
bewusst sind, wenn sie nicht erkennen, was in ihrem Inneren vorgeht. Freiheit entsteht nicht im Äußeren, sondern im Kopf. So gibt
es Bindungsängstliche, die sich nicht auf eine Beziehung festlegen, aus Angst, dann ihre Freiheit zu verlieren, und die sich aber
weder glücklich noch besonders frei fühlen. Und dann gibt es Bindungswillige, die sich für einen Partner fest entschieden haben,
sich innerlich aber viel freier als der Bindungsängstliche fühlen.
Die persönliche Freiheit ist also nicht an äußere Umstände gebunden. Deswegen ist es so wichtig, dass du einen guten Kontakt zu
dir bekommst und dein inneres Programm verstehst.

Mach eine persönliche Inventur

Wenn es um ein authentisches Leben geht, dann stellt sich die Frage: Wer bin ich eigentlich wirklich und was will ich eigentlich? Also solltest du mal eine innere Inventur machen. Und zu einer solchen möchte ich dich hiermit einladen. Nimm dir einen Zettel und einen Stift und mach eine Bestandsaufnahme zu folgenden Themen:

Meine Glaubenssätze
Die hattest du ja schon in der Übung mit deinem inneren Kind erarbeitet und du schreibst sie hier noch einmal auf. Wenn dir noch ein paar mehr oder auch positive Glaubenssätze einfallen, notiere sie ruhig.

Meine Gefühle
Welche Gefühle darfst du fühlen, welche sind dir fremd oder verboten? Wut, Trauer, Hilflosigkeit, Freude, Stolz, Mitleid, Liebe, Enttäuschung, Angst, Scham, Schuld, Neid und Schadenfreude. Erlaubst du dir diese Gefühle und wie gehst du mit ihnen um?

Meine Charaktereigenschaften
Es gibt so viele Eigenschaften, die ein Mensch haben kann, dass ich dir hier nur einige nennen möchte, um dir zu helfen, die Frage zu beantworten: optimistisch, hilfsbereit, ängstlich, großzügig, humorvoll, ungeduldig, schüchtern, gesellig, gesprächig, still, rebellisch, ehrgeizig, durchsetzungsstark, ausgeglichen, harmoniebedürftig, abenteuerlustig, impulsiv, gehemmt, sanftmütig, ehrlich, loyal, unaufrichtig, feige, fröhlich, melancholisch ...

Meine Werte
Welche Werte sind dir wichtig? Für welche Werte möchtest du einstehen? Solche Werte könnten sein: Nächstenliebe, Gerechtigkeit, Aufrichtigkeit, Freundschaft, Familie, Fürsorge, Verbindung, Verantwortung, Zivilcourage, Toleranz, Fairness, Authentizität, Freiheit, Erkenntnis, Weisheit, Zuverlässigkeit, Loyalität, Spiritualität, Treue, Mut und so weiter.

Meine Interessen und Hobbys
Hier notierst du alles, was dir du gern machst und was du in
Zukunft gern machen würdest.

Meine Schwächen und meine Stärken
Hier versuchst du dir ein möglichst realistisches Bild von deinen
Schwächen und Stärken zu machen. Dies gilt sowohl für deine Charaktereigenschaften als auch für deine Fähigkeiten. Wenn man sich
selbst akzeptieren und authentisch leben möchte, ist es wichtig,
auch seine Schwächen anzunehmen. Viele selbstunsichere Menschen neigen dazu, entweder ihre vermeintlichen Schwächen sehr
übertrieben wahrzunehmen oder sie zu weit aus ihrem Bewusstsein
zu verdrängen. Erst wenn eine Schwäche da sein darf, wie zum Beispiel Neid, kann man auch angemessen mit ihr umgehen und dafür
Sorge tragen, dass sie weder einem selbst noch den anderen Schaden zufügt. Reflektiere ich hingegen meine Neidgefühle nicht, können sie auf unbewusstem Wege ausbrechen und Schaden anrichten,
indem ich zum Beispiel gegenüber der beneideten Person kleinlich
und ungerecht werde. Aber auch für die persönlichen Stärken gilt,
dass man sich ihrer bewusst sein sollte und stolz auf sie sein darf.

Nun gehst du deine Aufzeichnungen durch und fragst dich, was
hast du von deinen Eltern, Verwandten, Lehrern etc. mitbekommen und was stammt von dir? Bei deinen Glaubenssätzen hast du
das bereits getan, sofern du die Übung mit dem inneren Kind aus-
gefüllt hast.
    Bei den Gefühlen überlege dir, was bei dir zu Hause erwünscht
war und was nicht. Wie sind deine Eltern mit deinen Gefühlen
umgegangen? Und überlege dir, was du selbst für angemessen
hältst. Erlaube dir, alle Gefühle zu fühlen.
    Frage dich auch bei deinen Charaktereigenschaften, welchen
Einfluss dein Elternhaus hatte. Wurden bestimmte Eigenschaften
besonders gefördert oder gelobt? Waren bestimmte Eigenschaften von dir unerwünscht? Hat man dir Eigenschaften nachgesagt,
dich in eine Schublade gesteckt? Inwieweit sind deine Eltern Vor-
bilder für deine Eigenschaften? Welche Eigenschaften wurzeln
wohl eher in deinen Veranlagungen und Genen?
    Auch deine Werte gleichst du mit deinem Elternhaus ab. Was
war deinen Eltern wichtig, worauf wurde Wert gelegt?

Ebenso schaust du, welchen Einfluss deine Eltern auf deine Interessen und Hobbys genommen haben. Dann untersuchst du deine Stärken und Schwächen auf deine Erziehung hin. Welche Schwächen wurden dir möglicherweise eingeredet? Woraus resultieren deine Stärken? Das Ziel dieser Übung ist, dass du dir deiner selbst bewusst wirst und gleichzeitig eine innere Renovierung vornimmst. So wie bei einem alten Haus, das du geerbt hast, kannst du dir überlegen, was bleiben kann, was rausfliegt, was eventuell angebaut werden muss und was vielleicht nur einen neuen Anstrich benötigt. In diesem Sinne geht es um eine Entrümpelung und/oder eine Erweiterung deiner Einstellungen, Gefühle und Werte. Alles, was du nicht als authentisch und zu dir gehörig empfindest, kannst du entrümpeln. Dabei geht es nicht darum, grundsätzlich abzulehnen, was von den Eltern kommt, sondern darum, dir eine eigene Meinung zu bilden. Also frage dich, was *du* davon hältst, und wenn es deine Zustimmung erhält, kann es bleiben, ansonsten nicht. Zudem überlegst du dir, welche Gefühle, Werte, Charaktereigenschaften, Interessen und positiven Glaubenssätze in deinem bisherigen Leben zu kurz gekommen sind. Und dann holst du sie in dich und dein Leben hinein. Ich weiß, dass diese Übung anspruchsvoll ist, aber es ist sehr hilfreich, sich bewusst zu werden, was man an Gepäck aus seiner Kindheit mitgenommen hat. Versuche diese Übung so gut wie möglich zu machen und dich weder in Perfektionismus noch in Grübeleien zu verrennen.

Im Übrigen kann dir bei der Selbstfindung mein Buch „So bin ich eben!", das ich mit meiner Freundin Melanie Alt zusammen verfasst habe, sehr hilfreich sein. Hier geht es um unterschiedliche Persönlichkeits-Stile und -Typen. Mithilfe eines Tests kannst du herausfinden, welcher Typ du bist. Dieser Test misst, welche angeborenen Eigenschaften dir in die Wiege gelegt worden sind – also, wie deine Persönlichkeit im Kern angelegt ist. Das Schöne dabei ist, dass der Test keine Kindheitsprägungen misst, sondern nur „normale" Eigenschaften, es kann also nichts Schlimmes dabei herauskommen, aber du erfährst eine Menge über dich. Und wenn du dich mit dem zugrunde liegenden Konzept des Buches auseinandersetzt, dann kannst du nicht nur viel über dich, sondern auch über deine Mitmenschen erfahren.

Fühle dich frei und unabhängig!

Als Kind hast du gelernt, dass Liebe ihren Preis hat. Nämlich den Preis der Selbstverleugnung. Und heute meint dein inneres Kind, es sei noch immer so. Es muss unbedingt begreifen, dass du heute frei und unabhängig bist. Der Krieg ist vorbei. Heute bist du erwachsen. Du bist frei und kannst machen, was du willst. Du wirst auch nicht sterben, wenn die Beziehung in die Brüche geht oder wenn dein Partner dich verlässt. Du kannst dich selbst ernähren, selbst waschen, allein aus dem Haus gehen, dir Hilfe holen, dich selbst trösten. Du stehst auf eigenen Füßen, auch wenn dein inneres Kind daran vielleicht manchmal zweifelt.

Tatsächlich ist es so: Je freier und unabhängiger du dich fühlst, desto liebes- und beziehungsfähiger wirst du. Paare, die miteinander glücklich sind, haben nicht so sehr das Gefühl, dass sie einander *brauchen*, sondern eher, dass sie sich *wollen*. Das ist der feine Unterschied. Eine wichtige Voraussetzung für eine glückliche Liebesbeziehung ist die Fähigkeit, selbstständig leben zu können. Wenn wir als Erwachsene die Erfahrung machen, dass wir gut für uns selbst sorgen können, also finanziell unabhängig sind, unsere Freizeit sinnvoll nutzen und über ein paar gute Freunde verfügen, dann erleben wir ein Gefühl der inneren Stärke und Unabhängigkeit. Und dieses Gefühl: letztlich immer wieder irgendwie auf die Füße zu fallen (!), ist notwendig, um sich in einer Liebesbeziehung hinzugeben. Denn im Kern beruht das Vertrauen in den Partner auf dem Selbstvertrauen – im Falle des Scheiterns –, mit dem Verlust des Partners umgehen zu können. Vertrauen kann also nur derjenige riskieren, der sich dem Scheitern gewachsen fühlt. Und genau daran hapert es bei vielen Bindungsängstlichen. Sie fühlen sich im tiefsten Inneren zu fragil – ihre Angst, abgelehnt zu werden und zu scheitern, ist stärker als ihr Bindungswunsch. Nun habe ich aber an vielen Stellen geschrieben, dass gerade die Bindungsängstlichen ihre Rettung in der Autonomie und Unabhängigkeit suchen. Das stimmt auch, aber ihre Autonomie ist eine äußere Gestaltung ihrer Beziehung und kein verinnerlichtes Gefühl. Sie suchen Freiheit und Unabhängigkeit, indem sie sich zum Beispiel vor ihrem Partner in ihre eigenen vier Wände flüchten. Aber dies müssen sie nur tun, weil sie sich innerlich nicht frei fühlen im Beisammensein mit dem Partner. Wenn der Partner anwesend ist, trauen sie sich nicht im vollen Umfang authentisch zu sein, sie zwängen sich bewusst oder unbewusst in eine „Partner-Schablone", indem sie eine gewisse Rolle spielen, so wie sie es bei den Eltern getan haben. Wenn du dich also von deiner Bindungsangst befreien willst, musst du zu deiner inneren Freiheit finden. Und dies bedeutet, dass du dein Selbstwertgefühl verbessern musst. Denn erst, wenn dein inneres Kind wirklich davon überzeugt ist, dass es grundsätzlich so viel wert ist wie dein Partner oder andere Menschen, kann es ein stabiles Gefühl für seine eigenen Rechte in einer Partnerschaft entwickeln. Und darum geht es letztlich. Dein inneres Kind muss begreifen, dass es grundsätzlich genauso viele Rechte wie der Partner hat. Denn erst mit einem stabilen, inneren Rechtsgefühl kann es sich trauen, sich auf eine gesunde Weise selbst zu behaupten. Anstatt zu flüchten, redest du dann mit deinem Partner, oder wenn nötig, dann haust du auch mal ordentlich auf den Putz. Oft entsteht genau daraus eine sehr lebendige Diskussion.

Du brauchst also ein gesundes Maß an Aggression, um dich gegen deinen Partner wehren zu können. Und du brauchst ein gesundes Maß an Eigenliebe, um einen etwaigen Verlust deines Partners verkraften zu können. Dann kannst du zu dir und deinen Wünschen stehen und musst deine eigenen Interessen nicht durch Rückzug und Mauern schützen oder deinen Partner unangemessen aggressiv attackieren.

Im Folgenden gebe ich dir etwas an die Hand, wie du dein Selbstwertgefühl stärken kannst. Das Thema ist jedoch umfangreich, sodass ich mich auf das Wesentliche begrenzen muss. Es gibt hierzu jedoch viele Ratgeber und auch ich habe ein Buch zum Selbstwertgefühl geschrieben („Leben kann auch einfach sein! So stärken Sie Ihr Selbstwertgefühl").

Du genügst!

Du hast bei der Übung mit dem inneren Kind eine Reihe von negativen Glaubenssätzen gefunden, die dein Fühlen, Handeln und Denken stark bestimmen. Ich betone nochmals, dass es ganz, ganz wichtig ist, dass du diesen Sätzen keinen Glauben schenkst – sie sind in der Zeit deiner Kindheit als Reaktion auf das Verhalten deiner Eltern entstanden, weil du von ihnen als kleines Kind zu 100 Prozent abhängig warst und dich ihren Wünschen und ihrem

Verhalten so perfekt wie möglich anpassen musstest. Sie kommen nicht aus dir. Weil sie dich aber schon so lange begleiten, meinst du, sie hätten auch heute noch eine Existenzberechtigung – so wie deine Nase, die war auch schon immer da. Aber nur, weil etwas schon immer so war, muss es noch lange nicht richtig sein.

Wir wollen es nicht bei dem Gespräch mit dem inneren Kind belassen und auch nicht dabei, dass du an etwas *nicht* glauben sollst, sondern dir etwas an die Hand geben, woran du glauben kannst. Nimm dir mal die Liste deiner negativen Glaubenssätze vor und identifiziere den Glaubenssatz, der die höchste emotionale „Ladung" für dich hat, der dich, mit anderen Worten ausgedrückt, am meisten runterzieht. Diesen Glaubenssatz verkehrst du nun in sein Gegenteil. Bei den meisten Glaubenssätzen erklärt sich von selbst, wie der Satz dann lautet. Aber es gibt eben auch ein paar Glaubenssätze, die in ihrer Umkehrung nicht so eindeutig sind. Das sind Glaubenssätze wie „Ich bin für dein Glück verantwortlich", „Ich muss mich dir anpassen", „Ich bin dir ausgeliefert" oder „Ich bin ohnmächtig". Wie ich bereits geschrieben habe, dürfen positive Glaubenssätze keine Verneinung, also „nicht" oder „kein", beinhalten. Die Umkehrungen der obigen Sätze liegen daher nicht ganz so auf der Hand wie bei dem Satz „Ich genüge nicht!", in dem du lediglich das „nicht" streichen musst, um zur positiven Form dieser Überzeugung zu gelangen.

Hier sind die Umkehrungen für die schwierigeren Sätze: Der belastende Glaubenssatz „Ich bin für dein Glück verantwortlich" wird zu: „Ich darf mich abgrenzen/Ich darf meine Bedürfnisse erfüllen." Die Überzeugung „Ich muss mich dir anpassen" wird zu: „Ich darf ich selbst sein!" Der Glaubenssatz „Ich bin dir ausgeliefert/Ich bin ohnmächtig" wird zu: „Ich darf mich wehren/Ich bin stark und frei."

Auch bei Sätzen wie „Ich bin hässlich" oder „Ich bin schlecht" tun sich manche mit der Umkehrung schwer. So erscheint ihnen die Umkehrung „Ich bin schön!" oder „Ich bin gut!" irgendwie zu viel des Guten. Hier empfehle ich die Formulierung: „Ich bin schön/gut genug!"

Den positiven Glaubenssatz, den du für dich gefunden hast, malst du jetzt mit allem künstlerischen Talent, das dir zur Verfügung steht, auf ein Blatt Papier. Du hast volle Gestaltungsfreiheit, diesen Satz mit Blumen, Sonne, Sternen oder was auch

immer zu dekorieren und in deinen Lieblingsfarben in deiner Lieb-
lingsschrift aufzumalen. Dann hängst du ihn in deiner Wohnung
auf, an eine Stelle, die du häufig siehst. Dieser Satz ist dein neues
Programm. Deinen neuen Kernsatz sagst du dir mindestens
15 Mal am Tag vor.

Sei, was du glaubst zu sein!

Ich habe unter dem Abschnitt „Du bist, was du glaubst zu sein"
geschrieben, dass wir an die Glaubenssätze glauben und uns deswegen nach ihnen verhalten. Dieser Glaube führt zu sich selbst
erfüllenden Prophezeiungen. Wenn ich also glaube, dass ich niemals einem anderen Menschen vertrauen kann, dann verhalte ich
mich bewusst oder unbewusst genau so, dass dieser Satz wahr
wird.

Das Gleiche gilt für positive Glaubensätze: Ein Mensch, der
eine gute Meinung von sich hat und mit sich in Freundschaft lebt,
führt in der Regel ein glücklicheres Leben und glücklichere Beziehungen als ein Mensch, der sich ablehnt.

Also überlegst du dir jetzt einmal, wie dein Leben sich verändern würde, wenn du an deinen positiven Glaubenssatz fest glauben würdest. Denke an deinen Partner oder, wenn du keinen hast,
an deinen fiktiven Partner und überlege dir, wie du dich verhalten
würdest, wenn dein neuer Glaubenssatz wahr wäre. Du kannst dir
hierfür noch einmal das Blatt mit dem inneren Kind hervorholen,
dort stehen deine Verhaltensweisen, die aus deinen negativen
Glaubenssätzen resultieren. Was würde aus ihnen mit deinem
guten Glaubenssatz werden? Schreibe auf, wie sich dein neuer
Glaubenssatz ganz konkret auf dein Verhalten auswirken wird.
Außerdem empfehle ich dir, alle deine alten Glaubensätze, die du
identifiziert hast, ins Positive zu verdrehen und diese in eine
zweite, neue Kindersilhouette einzutragen. Wenn du das getan
hast, nimm dir Zeit und überlege, welche Verhaltensweisen hieraus resultieren würden. Ein Beispiel: Anstatt in die Arbeit zu flüchten, würdest du am Wochenende etwas mit deinem Partner unternehmen. Anstatt die Mauer hochzufahren, wenn dein Partner dir
nahe kommt, würdest du die Nähe genießen oder ihm sagen, dass
dir gerade wieder ganz komisch zumute wird, und mit ihm über
deine Gefühle reden.

Ich möchte, dass du verstehst, dass alles in deiner Hand liegt. Du bist der Gestalter oder die Gestalterin deiner eigenen Realität und deines Lebens.

Gestalte deine Beziehungen!

Wenn du frei und authentisch werden willst, musst du lernen, deine Beziehungen aktiv mitzugestalten und sie dir nicht einfach widerfahren zu lassen. Dein inneres Kind muss lernen, dass es nicht mehr abhängig ist von Mama und Papa. Vielmehr ist es heute dein innerer Erwachsener, der gut für Euch beide sorgt. Das Kind muss lernen, deinem inneren Erwachsenen zu vertrauen. Bisher gestaltest du – zumindest deine Liebesbeziehungen –, indem du Nähe boykottierst. Das ist jedoch keine Gestaltung, sondern einfach nur eine mehr oder minder trotzige Verweigerung. Du bist bislang der Alleinherrscher über die Nähe und Distanz in deiner Beziehung. Insofern übst du viel Macht aus. Aber du verwendest sie destruktiv. Die Energie, die du in den Boykott fließen lässt, kannst du konstruktiv umwandeln. Übe dich darin, deine Wünsche und Bedürfnisse in einer angemessenen Form zu vertreten, anstatt diese hauptsächlich im Alleingang auszuleben. Wenn du unter Nähe-Überflutung leidest, dann sprich mit deinem Partner über deine Beklemmungsgefühle und bitte ihn, etwas Abstand zu dir zu halten. Aber mach nicht einfach die Schotten dicht und lauf davon. Je mehr du spürst, dass du die Beziehung mitgestalten kannst, desto seltener wirst du dich von der Nähe deines Partners eingeschränkt fühlen. Wenn du gern etwas anderes tun würdest als dein Partner, dann sage ihm das deutlich. Sage ihm beispielsweise, dass du jetzt lieber ein Buch lesen würdest, anstatt mit ihm spazieren zu gehen. Ihr könnt dann entweder einen Kompromiss finden oder jeder geht seiner eigenen Beschäftigung nach. So kann es auch sinnvoll sein, mit deinem Partner über deine gewünschten Freiräume zu verhandeln, ihm also einen konkreten Vorschlag zu machen, wie viel Zeit du für dich benötigst und wie viel Zeit du mit ihm verbringen willst. dein Partner kann deine Gedanken und Gefühle nicht lesen, also mach den Mund auf!

Du wirst feststellen, dass du, je mehr du deine Beziehung mitgestaltest, desto weniger Rückzug benötigst und du mit der Zeit auch einfach mal deinem Partner zuliebe etwas tun kannst, ohne gleich das Gefühl zu haben, dich zu verbiegen. Mach dir immer wieder bewusst, dass du nicht der Befehlsempfänger deines Partners bist. Und mach dir zeitgleich auch bewusst, dass du genauso viel Verantwortung dafür trägst, die Beziehung zu gestalten, wie er. Wenn du unter Verlustangst leidest, dann flüchte dich nicht einfach in die Unabhängigkeit, sondern sprich mit deinem Partner über deine Gefühle. Er ist dir nicht überlegen und er wird dich auch nicht fallen lassen, weil du diese „Schwäche" zeigst. Hör bitte damit auf, eine Pseudo-Stärke zu demonstrieren, indem du dich verschließt und davonläufst. Sollte dein Partner tatsächlich das Interesse an dir verlieren, weil du dich auf die Beziehung einlässt, dann hat er genau dieselben Probleme wie du. Dann leidet er selbst unter Bindungsangst und kann nur unter der Bedingung „lieben", dass man sich nicht wirklich auf ihn einlässt. Dann könnt ihr, wenn er das will, gemeinsam an dem Problem arbeiten oder du musst ihn gehen lassen. Dann wärst du aber auch frei, dir jemand zu suchen, der beziehungsfähig ist, insofern stünde für dich trotzdem ein Happy End bereit. Auf jeden Fall bringt es nichts, in einer Beziehung zu verharren, in der man nicht man selbst sein darf, aus Angst, der Partner verließe einen. Also dann lieber ein Ende mit Schrecken als ein Schrecken ohne Ende. Mach dem Kind in dir bitte immer wieder bewusst, dass man an Liebeskummer nicht stirbt. Und erkläre ihm bitte geduldig, dass es nicht selbst schuld ist, wenn es verlassen wird, sondern der Partner diese Entscheidung aus Gründen getroffen hat, die weitgehend unabhängig von dir sind und die mit ihm selbst zu tun haben. Wenn selbst der erwachsene Anteil in dir das nicht glauben mag, dann denk mal bitte darüber nach, wie viele Beispiele du in deiner Umgebung kennst, wo ein Mensch sich nicht vom Partner trennt, obwohl dieser ihn unmöglich behandelt und obendrein noch nicht einmal gut aussieht. Wenn Trennungen immer objektivierbare Gründe hätten, die in der Person liegen, von der sich getrennt wird, dann würde sich kein Mensch von einem „objektiv" guten Partner trennen und jeder einen „objektiv" schlechten Partner verlassen. Aber gerade Bindungsängstliche rennen vor „objektiv" guten Partnern davon und „objektiv" schlechten hinterher. Also, ob jemand bei dir bleibt oder nicht, hat mehr mit ihm selbst als mit dir zu tun.

Im Übrigen ist Liebeskummer viel mehr eine Einstellungssache, als man gemeinhin vermutet (lies hierzu den Abschnitt: „Traue deiner Verliebtheit nicht!" auf Seite 160).

Übe dich in Empathie!

Eine paradoxe Nebenwirkung von Bindungsangst ist, dass Bindungsängstliche – zumindest wenn sie sich gerade im Fluchtmodus befinden – sich wenig in ihren Partner einfühlen können und dessen Bedürfnisse kaum wahrnehmen. Dies ist insofern paradox, als Bindungsängstliche ja eigentlich zu viele Antennen haben und sich schlecht von den Wünschen ihrer Partner abgrenzen können. Aber genau diese Veranlagung führt sie in ihre – teilweise sehr krasse – Verweigerungshaltung. Aus lauter Angst, sich selbst zu verlieren, kämpfen sie trotzig und bisweilen auch brutal um ihre vermeintliche Freiheit. Wenn du jedoch völlig mit deiner Verteidigung beschäftigt bist, kannst du nicht im selben Augenblick Mitgefühl für deinen Feind, also deinen Partner, aufbringen. Dieser Empathiemangel, der für Bindungsängstliche sehr typisch ist, hängt also mit deiner Wahrnehmung zusammen, dass du der Schwächere, das Opfer, in der Beziehung bist. Wer sich jedoch als Opfer wahrnimmt, hat das Recht, sich zu wehren.

Dieses Recht hast du natürlich auch, aber du gebrauchst es auf die falsche Weise. Wie ich im obigen Abschnitt geschrieben habe, kann ich dir nur raten: Rede mit deinem Partner, bringe eigene Vorschläge ein und setze dich, wenn es nötig ist, auch ohne die Zustimmung deines Partners mal durch. Das tust du ja sowieso schon, aber gerade, weil du dich im Kleinen nicht verteidigst, tust du es dann im Großen, indem du flüchtest und/oder die Beziehung beendest.

Es ist also wichtig, dass du deine kommunikativen Fähigkeiten verbesserst. Und hierzu gehört, außer dich selbst zu behaupten, auch, dass du die Bedürfnisse deines Partners verstehst. Dies kannst du aber nur, wenn du mit deinem Partner innerlich auf Augenhöhe kommst und dich nicht als sein Opfer wahrnimmst. Also höre bitte auch zu, wie dein Partner die Sache sieht, und versuche dich in seine Situation einzufühlen. Kurioserweise ist es nämlich häufig so, dass Bindungsängstliche für sich selbst ein hohes Maß an Respekt von ihrem Partner erwarten und dabei häufig nicht bemerken, wie wenig Respekt sie ihrerseits ihrem Partner entgegenbringen. Sie sind so damit beschäftigt, ihre Grenzen zu verteidigen, dass sie die Gefühle ihres Partners oft nicht wahrnehmen oder dass sie ihnen egal sind. Deswegen werde ich nicht müde zu betonen, dass es so wichtig ist, mit dem Partner auf Augenhöhe zu kommen, um sich auf eine gesunde Weise stark zu fühlen und somit auch ein Stück seiner Egozentrik und Verteidigungshaltung abzulegen.

Es gibt viele Ratgeber für eine gelingende Kommunikation und in meinem Buch zum Selbstwertgefühl habe ich auch einiges dazu geschrieben. Deswegen möchte ich mich hier nicht wiederholen oder runterbeten, was du in jedem Kommunikationsratgeber nachlesen kannst. Das würde auch den Umfang dieses Buches sprengen. Im nächsten Abschnitt gebe ich dir jedoch gerne die wichtigsten Eckpunkte für eine gelingende Kommunikation an die Hand. Dies ist aus meiner Sicht das Kernstück eines konstruktiven Gesprächs.

Ich, Du und Wir! So gelingt Kommunikation

Gespräche führen oft nicht zu den gewünschten Ergebnissen, weil das Reflexionsniveau der Gesprächspartner zu unterschiedlich ist. Dieser Höhenunterschied führt zu einer unterschiedlichen Wahrnehmung der Realität. Stell dir zwei nebeneinanderstehende Wolkenkratzer in New York vor. Der eine Mensch sitzt im vierten Stock und guckt auf die gegenüberliegende Cola-Reklame. Der andere sitzt im 50. Stock und überblickt die Stadt. Nun sollen diese sich auf eine gemeinsame Realität einigen. Der die Stadt überblickt, wird große Mühe haben, dem anderen zu erklären, dass die Welt da draußen mehr als eine Cola-Reklame ist. Sie werden sich nur einigen können, wenn beiden klar ist, in welchem Stockwerk sie sitzen, wenn sie also den Standort des anderen erkennen können. Zudem müssen sie in der Lage sein, die Gesamtsituation von außen zu betrachten.

Genauso verhält es sich mit zwei Menschen, die sich jeweils mit ihrem inneren Kind identifizieren – die sich also nicht von außen betrachten können – und fest daran glauben, ihre Realität sei die einzig wahre. Deswegen ist es so wichtig, sein eigenes Muster und die damit einhergehenden Wahrnehmungsverzerrungen zu erkennen. Nur dann kann man auch beginnen, den Blick von außen einzunehmen – die Voraussetzung für einen echten Austausch auf Augenhöhe.

Für eine gelingende Kommunikation sind drei Positionen notwendig:

1. Meine Position: Wie sehe ich die Sache, was fühle ich, was will ich?
2. Die Position des Gegenübers: Wie siehst du die Sache, was fühlst du, was willst du?
3. Die Sicht von außen auf uns beide: Was veranstalten wir da miteinander, wohin wollen wir?

Zu 1) Überlege dir, was du willst und welche Argumente dafür sprechen. Argumente sind die Brücke zum Verständnis. Die Argumente dürfen sich ruhig auf dein Wohlbefinden und deine Bindungsangst beziehen. So kannst du deinem Partner beispielsweise vorschlagen, dass Ihr Euch nicht jeden Tag, sondern vier Mal in der Woche trefft, weil du den Freiraum benötigst, um dich selbst besser zu spüren.

Zu 2) Versetze dich in dein Gegenüber: Spüre, wie es ihm mit der Situation geht, und verstehe seine Argumente. Dies kannst du bereits im Vorfeld tun, um dich auf das Gespräch vorzubereiten. Aber es ist auch ganz wichtig, dass du dich während des Gesprächs in dein Gegenüber versetzt. Trage dein Anliegen vor und dann höre genau hin, was dein Partner zu sagen hat. Es ist gut möglich, dass er ganz anders argumentiert, als du es erwartet hast.

Nimm ihn beim Wort und arbeite nicht mit Unterstellungen. Wenn er beispielsweise sagt, er könne damit leben, wenn Ihr Euch viermal in der Woche sehen würdet, dann glaube ihm das und unterstelle ihm nicht, er würde dir das jetzt nur zugestehen, damit er dich zu einem späteren Zeitpunkt zu häufigeren Treffen manipulieren kann. Halte dich also mit Interpretationen zurück. Im Zweifelsfall leg dein Misstrauen offen und lass deinen Partner dazu Stellung beziehen. Durch deine inneren Glaubenssätze bist du stark gefährdet, die Aussagen und Handlungen deines Partners fehlzuinterpretieren. Deswegen versuche dich an das gesagte

Wort zu halten und bitte auch deinen Partner, genau das zu sagen, was er meint, und nicht durch die Blume zu reden.

Zu 3) Betrachte dich und deinen Partner von außen. Worum geht es Euch beiden? Welche Dramaturgie weist Eure Beziehung, Euer Gespräch auf? Was ist die Dynamik? Was würdest du als Regisseur verändern? Wie würdest du den beiden Protagonisten helfen?

Grundsätzlich: Betrachte dich und deinen Partner mit Wohlwollen. Wohlwollen ist die Essenz jeglicher Verbindung. Mit Wohlwollen kannst du dir und deinem Partner aber nur begegnen, wenn du dir eingestehst, dass du verletzlich bist.

Stehe zu deiner Verletzlichkeit!

Viele Menschen denken, sie müssten unverwundbar sein, bevor sie sich trauen, sie selbst zu sein. Während sie noch daran arbeiten, ihre Grenzen deutlicher zu zeigen, möglichst perfekt und kugelsicher zu sein, verpassen sie viele Gelegenheiten und Beziehungen. Der einzige Weg zu mehr Selbstvertrauen ist, zu seiner Verletzlichkeit zu stehen und die Grenzen zu öffnen. Wie ich oben geschrieben habe, ist es wichtig, auch Gefühle wie Angst, Scham, Trauer und Enttäuschung zuzulassen, wenn du zu dir selbst stehen willst. Das Problem ist, dass du Verletzlichkeit mit Schwäche gleichsetzt. Du willst diese Gefühle nicht haben. Sie belasten dich und sie sind dir peinlich. Und gerade weil du einen labilen Selbstwert hast, hast du wenig Vertrauen in andere Menschen. Du meinst, die Welt da draußen sei böse, da herrschten der Dschungel und Nahkampf. Deswegen gehst du nur mit deiner Tarnkappe aus dem Haus. Darunter atmet es sich zwar schlecht, aber wenigstens bist du vor Angriffen geschützt. Wenn du dich also dazu entschließt, zu dir und deinen Gefühlen zu stehen, dann musst du dir eingestehen, dass du verletzlich bist, und das kostet sehr viel Mut. Es ist also genau das Gegenteil von Schwäche. In Bezug auf Liebe und Partnerschaft bedeutet dies, dich deiner Angst zu stellen, dass dein Partner dich zurückweisen könnte. Dich deiner Angst zu stellen, dass du dich mit deinen Bedürfnissen blamierst. Dich deiner Angst zu stellen, dass du dich für deine Fehler ganz furchtbar schämst und abgelehnt wirst. Dich deiner Angst zu stellen, dass dein Partner dich betrügen könnte. Dich deiner Angst zu stellen, dass du eigentlich keinen großen Einfluss darauf hast, ob du geliebt wirst. Eigentlich sehnt sich jeder danach, so geliebt zu werden, wie er ist. Aber die meisten trauen sich nicht, sich zu zeigen. Sie meinen, sie müssten Teile ihres Wesens vor ihrem Partner verstecken, um die Verbindung zu halten. Dabei ist das Gegenteil der Fall: Authentizität ist die Voraussetzung für Verbindung. Wenn ich nämlich einen Teil von mir verstecke, dann ist die Verbindung zu meinem Partner entsprechend nur partiell.

Die Frage lautet also nicht: „Wie kann ich mich am besten schützen?", sondern: „Was ist sinnvoll?" Es gibt höhere Werte als den Selbstschutz. Das ständige Kreisen um sich selbst und seine Ängste vor Verletzung macht egozentrisch und unempathisch.

Wachse über dich hinaus!

Eine psychisch und gesellschaftlich sehr gesunde Weise, der Angst die Stirn zu bieten, ist die bewusste Hinwendung zu höheren Werten. Wenn ich einen höheren Sinn als meinen eigenen Selbstschutz installiere, dann kann ich über mich hinauswachsen. Ein höherer Sinn definiert sich durch höhere Werte. Dieser Ansatz kommt aus der Logotherapie, deren Gründervater der Wiener Arzt Viktor Frankl war. Logotherapie heißt übersetzt: Sinntherapie. Höhere Werte wären zum Beispiel: Fairness, Freundschaft, Anstand, Ehrlichkeit, Zivilcourage, Verantwortung, Fürsorge, Hilfsbereitschaft, Liebe.

Der selbstunsichere Mensch vollzieht sein Dasein aus der Defensive – entweder indem er mauert oder indem er angreift. Er beschützt sich vor den vermeintlichen Über- und Angriffen eines vermeintlich stärkeren Gegenübers. Wenn du dich also beispielsweise dabei ertappst, dass du aus einer diffusen Ich-Angst, verletzt zu werden, deinen Partner belügst oder dich auf einen deiner Fluchtwege zurückziehst, dann halte einen Moment inne und frage dich, wie fair das eigentlich gerade ist. Reflektiere, dass du deinem Partner durch dein Verhalten jene Verletzungen zufügst, vor denen du dich selbst beschützen willst. Der Partner fühlt sich von dir abgelehnt und zurückgewiesen, er muss also das erleiden, was du für dich selbst vermeiden möchtest. Mach dir bewusst, dass du mit deinem Anliegen, dich vor einer vermeintlichen Verletzung zu beschützen, nur um dich selbst kreist, und versuche diesem Impuls höhere Werte entgegenzusetzen, wie beispielsweise Fairness. Wenn du immer wieder die Nähe zu deinem Partner boykottierst, weil du dich nur im Alleinsein frei fühlst, dann mach dir bewusst, dass du in solchen Momenten nur Empathie für dich selbst aufbringst. Wenn du dich wirklich frei fühlen willst, dann musst du deine Glaubenssätze im Kopf abbauen, die dich dich unfrei fühlen lassen, wie beispielsweise „Ich bin für dich verantwortlich" oder „Ich muss mich dir anpassen". Dabei hilft dir, wenn du deinem Fluchtimpuls einen höheren Wert entgegensetzt, wie zum Beispiel Mut. Nämlich den Mut, deinem Partner zu erzählen, wie es dir geht, und auch den Mut, in seiner Gegenwart du selbst zu sein.

Der Selbstschutz erfolgt oft reflexartig und unbewusst. Die defensive Grundhaltung Bindungsängstlicher manifestiert sich in vielen Alltagssituationen und vor allem in der Kommunikation. Diese Aussage möchte ich mit einem kleinen Beispiel illustrieren, das ich aus meinem Buch „Leben kann auch einfach sein!" übernommen habe. In diesem kleinen Beispiel finden sich viele Themen wieder, die in den vorigen Abschnitten besprochen wurden:

John schlägt seiner Freundin Melanie vor, ins Kino zu gehen. Melanie hat eigentlich keine Lust hierauf, was sie ihm auch mitteilt. John, der sehr gern ins Kino gehen würde, versucht ihr den Film schmackhaft zu machen. Er versucht also, sie mit guten Argumenten zu überzeugen. Melanie fühlt sich unter Druck, weil sie dem nichts entgegensetzen kann – außer, dass sie eben keine Lust hat, ins Kino zu gehen. Stur auf „Keine Lust" zu plädieren traut sie sich jedoch nicht. Also stimmt sie widerwillig zu. Auf den Film kann sie sich schlecht konzentrieren, weil sie innerlich mit ihrem Ärger über sich selbst und über John beschäftigt ist. Immer wieder passiert es ihr in der Beziehung mit John, dass sie Ja sagt, obwohl sie Nein meint.

Melanie gehört zu jenen Bindungsängstlichen, die aus Konfliktscheu nicht ihre Meinung sagen, sondern mauern. Melanie projiziert in John eine gewisse Überlegenheit und Stärke. Aufgrund ihrer Kindheitserfahrungen meint das Kind in ihr, dass Liebe nur um den Preis der Anpassung zu haben ist beziehungsweise dass eine Auseinandersetzung die Beziehung gefährdet. Deswegen traut sie sich nicht, sich offen gegen John zu behaupten. Nicht zuletzt auch, weil sie selbst oft nicht so genau weiß, was sie will. So hatte sie auch Johns Wunsch, ins Kino zu gehen, keinen anderen Vorschlag entgegenzusetzen. Aufgrund ihres Musters „Ich muss es immer allen recht machen" hat sie einen schlechten Zugang zu ihren eigenen Wünschen und Bedürfnissen. John hingegen kommt gar nicht auf die Idee, dass seine Freundin ihm unterlegen wäre. Selbstverständlich hat sie die gleichen Rechte wie er! Als sie seinem Vorschlag zustimmte, dachte er, er hätte sie mit seinen Argumenten überzeugt. John befand sich also auf der *Sachebene*. Melanie stimmte ihm aber zu, weil sie ihm gefallen wollte. Sie befand sich also auf der *Angstebene*. Und genau hierin liegt ihr Beziehungsproblem: Weil Melanie sich mit John nicht auf Augenhöhe fühlt, sagt sie oft „Ja", obwohl sie innerlich „Nein" oder „Jein" meint. Hierdurch fühlt sie sich zunehmend von John dominiert. Sie hat das Gefühl sich in der Beziehung mit John „selbst zu verlieren". Deswegen ist sie auch immer häufiger lustlos im Bett. Auch ihre Gefühle für John haben stark nachgelassen, weil er in ihren Augen immer mehr zu einem Gegner mutiert. John hingegen ahnt nichts von den inneren Konflikten Melanies, weil sie sich ihm ja nicht öffnet. Melanie selbst reflektiert die Zusammenhänge nicht. Sie erkennt nicht ihren eigenen Anteil, also ihr labiles Selbstwertgefühl und ihr inneres Programm, es allen recht machen zu wollen. Sie sieht auch keinen Zusammenhang zwischen ihrer Konfliktscheu und ihrer sexuellen Lustlosigkeit. Sie meint, John und seine scheinbare Dominanz seien das Problem. Deswegen denkt sie in letzter Zeit häufiger darüber nach, die Beziehung zu beenden.

In diesem kleinen Beispiel finden sich also alle wichtigen Mechanismen wieder, die beziehungsängstliches Erleben ausmachen. Und es illustriert, wie ein selbst-unsicherer, bindungsängstlicher Mensch vom scheinbaren Opfer zum „Täter" wird. Melanie, die sich als potenzielles Opfer von John wahrnimmt, weil sie in ihn unbewusst die Dominanz ihrer Eltern projiziert, wird zur „Täterin", indem sie sich John verschließt und ihm keine Chance gibt, sie näher kennenzulernen. Würde sie sich nämlich John öffnen und ihm von ihren Unterlegenheitsgefühlen und ihrer

Konfliktscheu erzählen, könnte er ganz anders damit umgehen. Weil Melanie jedoch „ihr wahres Gesicht" vor ihm versteckt hält, kommuniziert er nicht mit ihrem authentischen Ich, sondern mit der Rolle, die sie ihm in der Beziehung vorspielt. Durch den Selbstschutz, den Melanie aufgebaut hat, um sich vor vermeintlichen Verletzungen zu schützen, gibt sie John keine Chance, ihr wirklich nahe zu kommen. Im Gegenteil, sie staut immer mehr Wut in sich auf und ihre Gefühle für John erkalten. Die Beziehung wird früher oder später in die Brüche gehen, wahrscheinlich dann, wenn Melanie einen anderen Mann kennenlernt, weil es ihr auch schwerfällt, allein zu sein.

Hätte Melanie höhere Werte verfolgt, wie Selbsterkenntnis, Mut und Fairness, dann hätten John und sie eine Chance gehabt, eine lebendige, nahe und authentische Beziehung zu führen. Die höheren Werte hätten ihr Halt und Geleit gegeben, über ihre diffusen und unreflektierten Ängste hinauszuwachsen.

Das waren nun die Hilfen, die ich dir in diesem Buch anbieten kann. Wenn du dich meinen Ausführungen öffnest und die Übungen mitmachst, dann kannst du dir damit ein gutes Stück weiterhelfen. Wenn dir das nicht reicht, kannst du dir auch psychotherapeutische Hilfe suchen. Jeder gute Psychotherapeut kann dir auf deinem Weg behilflich sein. Oft werde ich nach Experten für dieses Thema gefragt, aber die gibt es nicht. Auch werde ich öfter nach der geeigneten psychotherapeutischen Ausrichtung gefragt, also ob zum Beispiel eine Verhaltenstherapie oder eine tiefenpsychologisch fundierte Psychotherapie sinnvoller wäre. Ich selbst komme ja aus der Gesprächspsychotherapie, aber ich meine, dass die psychotherapeutische Schule letztlich gar nicht so viel ausmacht. Alle guten Therapeuten finden meiner Erfahrung nach im Laufe ihres Lebens zu ähnlichen Erkenntnissen. Was einen guten Therapeuten meiner Meinung nach im Wesentlichen ausmacht, ist nicht so sehr die psychotherapeutische Schule, aus der er stammt, sondern wie gut er selbstreflektiert ist und wie wohlwollend er seinen Klienten beziehungsweise überhaupt den Menschen gegenüber eingestellt ist. Verlasse dich bei der Auswahl eines Therapeuten auf deine eigene Wahrnehmung, und zwar hinsichtlich der Kriterien Problemverständnis und Wertschätzung. Wenn du den Eindruck hast, er verstünde dein Problem nicht richtig, oder wenn du dich von ihm als Person nicht angenommen fühlst, dann schau dich lieber weiter um.

Die folgenden Ratschläge sind schwerpunktmäßig für Menschen mit passiven Bindungsängsten, zu denen du möglicherweise – je nach Beziehung und Beziehungsphase – auch manchmal zählst. Aber auch Menschen mit einem anklammernden Bindungsstil (siehe Seite 70) und jene, die eigentlich beziehungsfähig sind, aber leider an den oder die Falschen geraten sind, profitieren vom nächsten Kapitel.

Warum bin ich nur so abhängig?

Hilfe für Partner von Bindungsängstlichen

Wie ich schon gesagt habe, muss die Beziehung mit einem aktiv Bindungsängstlichen nicht zwangsläufig in die Brüche gehen. Wenn der bindungsängstliche Partner gewillt ist, an sich zu arbeiten, dann hat die Partnerschaft eine gute Chance, noch richtig schön zu werden, vor allem dann, wenn der passive Partner auch seine eigenen Anteile erkennt und ebenfalls an sich arbeitet. Gleichwohl ist es leider in einigen Fällen die beste Lösung, sich von seinem flüchtenden Partner oder Möchtegern-Partner zu verabschieden. Machen sich die aktiv flüchtenden Bindungsängstlichen in der Partnerschaft zu unabhängig, so sind die passiv Bindungsängstlichen viel zu abhängig. Aber wirklich viel (!) zu abhängig. Partner von Bindungsängstlichen lassen sich in der Regel unglaublich viele Demütigungen, Zurückweisungen und Frechheiten bieten und schaffen trotzdem den Absprung nicht. Männer und Frauen werden zu Psychowracks, weil sie an ihrem aktiv bindungsängstlichen Partner oder einer Person, die sie anbeten, verzweifeln und festhalten. Dabei handelt es sich sogar oft um Menschen, die ansonsten erfolgreich ihr Leben meistern. Die meisten von ihnen gehören also eher zu den Gewinner- als zu den Verlierertypen. In meinem Buch „Jein!" habe ich anhand zahlreicher Beispiele detailliert den unendlichen Leidensweg der Partner beschrieben. Diesmal werde ich mich kürzer fassen. Inzwischen habe ich so viele Partner von Bindungsängstlichen beraten, dass ich das Drama auf den Punkt bringen kann. Allerdings muss ich noch eine Warnung vorwegschicken: Ich packe die Partner und damit auch indirekt die aktiv Bindungsängstlichen richtig hart an. Dies tue ich, weil ich aus meiner langjährigen Erfahrung weiß, dass die Partner aufgrund ihrer starken Gefühle nahezu beratungsresistent sind. Man muss sie richtig durchschütteln, damit eine Chance besteht, sie aus ihrem Wahn zu befreien.

Im Folgenden werde ich das Wort „Partner" benutzen und nicht jedes Mal „passiver" davorsetzen, zumal manche Partner ja auch nicht unter Bindungsangst leiden und manche einen anklammernden Bindungsstil aufweisen. Allerdings ist die Zahl derjenigen, die selbst ein Problem mit Bindungsangst haben, höher, als ich noch bei meinem Buch „Jein!" angenommen hatte. Heute bin ich mir sicher: Die Partner, die abhängig und todunglücklich in einer Beziehung mit einem Bindungsängstlichen verstrickt sind, sind selbst bindungsängstlich. In anderen Beziehungen waren sie selbst sogar schon die aktiv flüchtenden Partner! Sehr häufig stelle ich nämlich bei meinen Befragungen fest, dass sie eine starke Tendenz haben, immer dann besonders leidenschaftlich zu lieben, wenn sie sich des Partners nicht ganz sicher sein können beziehungsweise wenn er eine gewisse Distanz einhält. Partner hingegen, die ihnen sicher sind, empfinden sie zumeist als wenig spannend.

Wenn du also in eine Beziehung mit einem Bindungsängstlichen verstrickt bist, unter dem du leidest und von dem du ganz schwer loskommst, dann nimm mal deine vergangenen Beziehungen kritisch unter die Lupe: War es nicht irgendwie immer so, dass entweder du deine Ex-Partner mehr geliebt hast als umgekehrt oder deine Ex-Partner dich mehr geliebt haben und du sie (deswegen) nicht besonders spannend fandst? Vielleicht hast du auch schon eine langjährige Ehe (oder Dauerbeziehung) hinter dir und meinst deshalb, dass du keine Bindungsangst hast, aber dann „obduziere" diese mal – hatte sie nicht vielleicht doch bindungsängstliche Strukturen? Habt ihr nebeneinander hergelebt? War der Sex eingeschlafen? Habt Ihr offen und ehrlich kommuniziert? Gab es ständig Streit? War dein Ehepartner emotional erreichbar? Warst du emotional präsent? War die Ehe von krassen Wechseln von Nähe und Distanz bestimmt? War dein Partner ein „psychischer Pflegefall"? Also erforsche, ob nicht alle deine Beziehungen in die eine oder andere Richtung einen gewissen Höhenunterschied hatten, in dem Sinne, dass einer von Euch mehr in der abhängigen und der andere mehr in der unabhängigen Position war. Und überlege dir, ob du schon einmal eine längere Partnerschaft hattest, in der du und dein Partner sich einigermaßen auf

Augenhöhe befunden haben. In der Ihr Euch beide ungefähr gleich stark geliebt habt, beide offen und im Kontakt wart und die Liebe und auch die Sexualität zwischen Euch im Fluss waren.

Wenn dem nicht so ist, dann müsstest du der Tatsache ins Auge blicken, dass du selbst ein Problem mit nahen Liebesbeziehungen hast, also unter Bindungsangst leidest. Falls du hingegen immer in der Position des oder der Abhängigen warst und grundsätzlich zum Klammern neigst, dann hast du einen anklammernden Bindungsstil (siehe Seite 70). Wenn du aber mit gutem Gewissen behaupten kannst, dass du nur in deiner aktuellen Beziehung so abhängig bist und schon mindestens eine „gesunde" Beziehung hinter dir hast, dann hast du vermutlich einen sicheren Bindungsstil, bist aber in den Sog des emotionalen Kontrollverlusts geraten, der bindungsängstliche Beziehungen auszeichnet.

In den folgenden Abschnitten zeige ich dir, wie du wieder unabhängiger wirst – egal, ob du passiv-bindungsängstlich, anklammernd, oder sicher gebunden bist. Entweder kannst du dann mit deinem bindungsängstlichen Partner leben – vor allem dann, wenn er oder sie auch an sich arbeitet – oder du kannst dich (endlich) lösen.

Der ungeheure Sog bindungsängstlicher Beziehungen

Bindungsängstliche Beziehungen üben auf die Partner eine ungeheure Sogwirkung aus. Viele schaffen jahrelang den Absprung nicht, obwohl sie emotional am Verhungern sind. Einige sind schon lange getrennt, kommen aber innerlich nicht über die Beziehung hinweg und träumen immer noch von einem Happy End. Wieder andere sind in einer Ehe mit Kindern und einem bindungsängstlichen Partner gefangen und meinen, sie könnten sich wegen der Kinder nicht trennen. Dabei, so meine Erfahrung, würden sie das in den meisten Fällen auch ohne Kinder nicht schaffen. Manche bekommen von ihrer Zielperson überhaupt keine positiven Signale, hatten auch noch nie eine Beziehung zu ihr, und trotzdem halten sie unerschütterlich an der Hoffnung fest, dass es noch etwas werden könnte.

Bindungsängstliche wirken auf ihre liebeshungrigen Partner wie ein Aphrodisiakum, sie sind die größten Scharfmacher unter der Sonne. Das liegt daran, dass die Partner immer nur „angefüttert", aber nie satt werden. In ganz aussichtslosen Fällen sind sie notorisch am Verhungern. Da viele bindungsängstliche Beziehungen sehr leidenschaftlich anfangen, meinen die Partner, es werde noch Großes kommen. Tatsächlich ist der Anfang aber das Beste, was der Bindungsängstliche zu geben hat. Die Beziehung endet sozusagen mit dem ersten Akt. Ende der Vorstellung. Und sie endet meistens dann, wenn sie eigentlich gerade am schönsten war und man in die nächste Phase der Verbindlichkeit hätte übergehen können. Das ist für die Partner das Allerschlimmste. Sie verstehen die Welt nicht mehr, sie sind total verzweifelt. Wenn die Beziehung offiziell nicht endet, sondern weitergeführt wird, im Fall einer Ehe oder Dauerbeziehung, wird der Partner zwar nicht auf die Straße gesetzt, aber er holt sich eine blutige Nase nach der anderen, wenn er versucht, durch die Schutzmauer des Bindungsängstlichen vorzustoßen. Er prallt ab an der mangelnden Offenheit, an der sexuellen Lustlosigkeit, an der eigensinnigen Zeitplanung und an der mangelnden Verbindlichkeit.

Die Botschaften und die Signale des Bindungsängstlichen sind sehr widersprüchlich, wenn die Beziehung sich in der mittleren Phase befindet, und abweisend bis feindselig, wenn sie sich dem Ende zuneigt.

In der Psychotherapie und Beratung legen die Partner von Bindungsängstlichen immer sehr viel Wert darauf, mir ihre scheinbar unendlich verwickelten und komplizierten Beziehungsgeschichten zu erzählen. Doch im Kern zeichnen sich all diese Geschichten durch ein sehr widersprüchliches Verhalten der bindungsängstlichen Zielperson aus. Mir würden für eine Einschätzung oft sehr viel weniger Details ausreichen, aber den meisten Betroffenen ist es sehr wichtig, mir über jedes Detail des Partners und der Beziehung zu berichten, um sicherzustellen, dass ich auch nichts übersehe. Die Partner sind völlig gefangen in den Nähe- und Distanzmanövern des oder der Flüchtenden und geradezu besessen von der Idee, sein/ihr Verhalten zu verstehen.

Der Sog, den bindungsängstliche Beziehungen auslösen, ist dem Umstand geschuldet, dass die Partner keinerlei Kontrolle über das Verhalten ihrer Zielperson haben. In meinem Buch „Jein!" habe ich sie als „ohnmächtige Co-Piloten" bezeichnet: Sie fliegen Loopings, sacken in kilometerlange Luftlöcher, wähnen sich ständig am Rande des Absturzes und können nicht ins Steuer greifen. Das hat nämlich der aktiv Bindungsängstliche fest in der Hand. Die Partner können flehen, betteln, Szenen machen, taktieren – bis auf höchstens kurze Zwischenerfolge verlaufen ihre Bemühungen im Sande. Sie erleben sich als wirkungslos. Und sie müssen sehr viele Zurückweisungen ertragen. Ihr Selbstwertgefühl ist stark lädiert. Sie meinen jedoch, es gäbe nur einen Menschen, der ihnen diesen Selbstwertschaden reparieren könnte, und das sei der aktiv bindungsängstliche Partner. Er soll die Wunden verbinden, die er einem selbst zugefügt hat. Er soll kommen und in etwa Folgendes sagen: „Meine Geliebte/mein Geliebter, was war ich nur für ein Idiot. Ich liebe dich so sehr! Und anstatt zu meinen großen Gefühlen für dich zu stehen, laufe ich davon und verhalte mich total bescheuert. Damit ist ab heute Schluss! Ich liebe dich und werde für immer bei dir bleiben!" Dann wäre endlich alles gut. Und mit dieser Lösungsfantasie hängen die Partner wie zappelnde Fische am Haken. Die Partner, die ohnehin keine Kontrolle über das Geschehen haben, legen ihr Schicksal in die Hand des Bindungsängstlichen und verlieren somit sämtliche Kontrolle. (Anders verhält es sich mit jenen Bindungsängstlichen, die bereit sind, an ihrem Problem ernsthaft zu arbeiten.) Der Punkt ist, dass die Partner es einfach nicht wahrhaben wollen. Sie drücken sich mit aller Macht vor der Erkenntnis, dass sie tatsächlich nicht genügend geliebt werden. Wenn sie sich dies eingestehen würden, dann würde nämlich ihr mühsam erbautes Selbstbild zerplatzen. Fast alle Menschen stabilisieren ihren Selbstwert durch äußere Anerkennung, und wird diese entzogen, zum Beispiel, weil der geliebte Partner einen zurückweist, bricht der Selbstwert ein. Und genau dies möchte man verhindern – wenn nötig auch um den Preis des Selbstbetrugs. Würden die armen, verzweifelten Partner sich einfach eingestehen: „Ja, ich bin völlig hilflos" und „Ja, das wird nix mehr!" und „Ja, er/sie liebt mich nicht genug" und „Ja, mein Selbstwert hat deswegen viele Kratzer", dann kämen sie viel, viel schneller über die ganze Sache hinweg.

Wenn man sich vor Augen hält, dass die meisten Bindungsängstlichen sich vor einer festen Bindung scheuen, gerade weil sie nicht für das Glück ihres Partners verantwortlich sein wollen, dann versteht man, dass die Bemühungen des Partners, den Bindungsängstlichen einzufangen, kontraproduktiv sind. Je mehr der Partner oder Möchtegern-Partner dem Bindungsängstlichen hinterherläuft, desto schneller rennt der Bindungsängstliche davon. Er will ja gerade nicht eingefangen werden – das ist schließlich sein Problem! Je mehr der Bindungsängstliche sich jedoch entzieht, desto verzweifelter versucht der Partner ihn festzuhalten. Das ist die typische Dynamik bindungsängstlicher Beziehungen – ein Teufelskreis.

Ich stecke fest!

Wenn ich Partner von Bindungsängstlichen die Frage stelle, warum sie das Theater eigentlich mitmachen, lautet die Antwort in 90 Prozent der Fälle: „Weil ich ihn/sie liebe!" Die anderen 10 Prozent antworten: „Das weiß ich selber nicht!" oder: „Wegen der Kinder". Andere Antworten habe ich noch nicht gehört. Ich bekomme ständig Geschichten zu hören, in denen ein bindungsängstlicher Partner um sich schlägt, um seinem abhängigen Verfolger zu entkommen, und der Abhängige – bereits am Boden liegend – irgendetwas von Liebe faselt. Um diesen Irrsinn mit der „Liebe" zu illustrieren, gebe ich dir folgendes Beispiel, das mir Simone erzählte:

Sascha und ich haben uns über das Internet kennengelernt. Beim ersten Treffen hat es gleich gefunkt. Ich war spontan verliebt. Dabei sah er gar nicht mal so gut aus, aber er war sexy und sehr markant. Und weil wir ja vorher schon gechattet und telefoniert hatten, wusste ich auch, dass wir hobby- und interessenmäßig gut zusammenpassen. Auch er war spontan verliebt. Wir wurden direkt ein Paar. Der Sex war berauschend – ehrlich gesagt hatte ich noch nie so guten Sex. Die ersten drei Wochen trafen wir uns fast täglich und fielen übereinander her. Sascha sagte, ich wäre die Frau seines Lebens. Er sei noch nie so verliebt gewesen. Ich schwebte auf Wolke 17 und konnte mein Glück gar nicht fassen! Sascha war mein Traummann! Wir redeten auch davon zusammenzuziehen und machten gemeinsame Zukunftspläne. Eines Abends – völlig aus heiterem Himmel – erklärte er jedoch, er benötige ein wenig Abstand. Er sei beruflich sehr gefordert und die Beziehung vereinnahme ihn zu sehr. Er benötige mehr Freiraum. Ich verstand gar nicht so richtig, wie er das meinte. Schließlich war er doch derjenige gewesen, der mich ständig hatte sehen wollen? Es klang ja gerade so, als wenn ich ihn zu unseren Treffen genötigt hätte. In dem Gespräch versicherte ich ihm, dass er natürlich seinen Freiraum haben könne und er sich zu nichts gezwungen fühlen müsse. Es hat mir innerlich aber sehr wehgetan, dass er mich nicht mehr so oft sehen wollte. Nach diesem Gespräch tauchte er fünf Tage völlig ab. Ich erreichte ihn weder per Handy noch per E-Mail. In seiner Wohnung machte keiner die Tür auf – ich war am Durchdrehen. Am fünften Tag rief er endlich an. Er entschuldigte sich – sein Chef habe ihn kurzfristig auf eine Dienstreise in die USA geschickt. Er sei voll im Stress gewesen, dann die Zeitverschiebung, er sei einfach nicht dazu gekommen, sich zu melden. Ich erzählte ihm, dass ich fast verrückt geworden sei und dass man doch immer die Zeit habe, kurz anzurufen oder eine SMS zu schreiben! Ich war super sauer! Er gab mir recht und sagte, wie leid es ihm tue. Er komme in zwei Tagen zurück und würde sich dann bei mir melden. Am Tag seiner angekündigten Rückkehr wartete ich auf seinen Anruf – und wartete und wartete. Schließlich rief ich ihn an, aber sein Handy war ausgeschaltet. Also fuhr ich zu seiner Wohnung – es war so gegen 20 Uhr. Sein Auto stand vor der Tür, aber auf mein Klingeln erfolgte keine Reaktion. Ich spürte, wie eine leichte Panik in mir aufstieg, deswegen ging ich in die Kneipe nebenan, um bei einem Drink meine Gedanken zu sortieren. Und wer stand da am Tresen und schien sich prächtig zu amüsieren? Sascha! Mein Herz machte einen Sprung und gleichzeitig kam eine mörderische Wut in mir hoch. Ich fühlte mich total verarscht. Ich tippte ihm von hinten auf die Schulter, und als er meiner gewahr wurde, guckte er ganz erschrocken. Er fühlte sich offensichtlich ertappt und schien nicht besonders erfreut, mich zu sehen. Er bekam seine Gesichtszüge dann jedoch schnell wieder unter Kontrolle und begrüßte mich mit einer innigen Umarmung, da war mein Ärger schon fast wieder verraucht. Ich war so froh, ihn zu sehen! Ich war so sterbensverliebt! Er sagte, er sei leider etwas versackt, aber er hätte sich auf jeden Fall heute Abend noch gemeldet. Dann stellte er mich seinen Kumpels vor, die einen netten Eindruck machten. Es wurde sogar noch ein lustiger Abend. Was mich jedoch verunsicherte, war, dass einer seiner Freunde mir zu raunte, ich solle gut auf mein Herz aufpassen! Nach der Kneipe, es war schon spät, gingen wir zu Sascha und ich sprach ihn auf diese Aussage an, er meinte, das sei nur ein dummer Spruch – ich solle mir keine Gedanken machen. Im Bett drehte er sich um und wollte schlafen – er sei zu müde und zu betrunken für mehr, erklärte er. Ich kuschelte mich an ihn und fühlte mich einsam. Irgendwie entglitt er mir, das spürte ich ganz deutlich. Die nächsten Wochen sahen wir uns *nicht sehr oft. Sascha arbeitete viel. An einem Wochenende besuchte er seine Familie, wollte mich aber nicht mitnehmen. Seinem Vater gehe es nicht so gut – es sei kein guter Zeitpunkt. Ein anderes Wochenende besuchte er einen alten Schulfreund – das sei schon vor meiner Zeit so verabredet gewesen. Dann stellte ich ihn zur Rede. Ich war total verunsichert und hatte riesige Angst, ihn zu verlieren. Nach den ersten Wochen, die so unglaublich schön gewesen waren, hatte sich Saschas Verhalten drastisch verändert – ich hatte ständig das Gefühl, dass er vor mir davonlief. Bei diesem Gespräch druckste er herum, er sagte Dinge wie: „Ich bin noch nicht so weit ... Ich benötige viel Zeit für mich ... Ich bin mir nicht sicher, ob wir tatsächlich zusammenpassen." Ich fing an zu heulen. Anstatt mich aber zu trösten, versteinerte er. Er wirkte vollkommen verstört. Ich erinnerte ihn an unsere Leidenschaft und Liebe und daran, wie schön alles angefangen hatte. Aber er schien ganz woanders zu sein. Als ich ihn umarmen und küssen wollte, schubste er mich weg. Ich fing an zu brüllen, ob er sie noch alle hätte? Was mit ihm los sei? Er antwortete in einem ganz kalten Tonfall, ich solle ihm bitte seine Ruhe lassen, er werde jetzt nach Hause gehen. Ich flehte ihn an zu bleiben, aber er ging ohne ein weiteres Wort. Daraufhin tat ich etwas, von dem ich dachte, ich würde es nie wieder tun: Ich kaufte mir Zigaretten. In der Nacht machte ich kein Auge zu, ich war nur am Heulen, Rauchen und Trinken. Am nächsten Tag machte ich frei. Ich war total fertig. Sascha meldete sich nicht und ich auch nicht. Ich war ihm schon genügend hinterhergelaufen – so konnte es nicht weitergehen. Aber es fiel mir unendlich schwer, ihn nicht anzurufen. Ich wollte unbedingt wissen, wie es ihm geht und ob er das alles ernst gemeint hatte die letzte Nacht. Gegen Abend hielt ich es nicht mehr aus. Ich rief ihn an. Er sagte, es tue ihm leid wegen gestern, er habe übertrieben, ob wir uns nicht sehen könnten? Ich war maßlos erleichtert. Für das Treffen machte ich mich megahübsch, um ihn total zu betören. Der Abend wurde dann so schön wie früher, wir waren uns wieder ganz nah und liebten uns leidenschaftlich. Ich war überglücklich. Der Spuk schien vorbei ...*

Leider nicht. Die Beziehung zwischen Simone und Sascha wurde nach dieser Eskalation und Versöhnung nicht besser. Im Gegenteil, Sascha wurde immer abweisender und in seinen Aussagen immer brutaler. Er warf Simone, die immer verzweifelter agierte, „Hysterie" vor. Sie solle mal in den Spiegel gucken, wie beschissen sie aussehe mit so verheulten Augen! Es folgten fürchterliche Streitszenen, mehrere Trennungen und Wiedervereinigungen. Sascha war auch nicht treu, mehr als einmal erwischte Simone ihn mit einer anderen Frau. Dabei machte Sascha sich auch keine große Mühe, seine Seitensprünge zu vertuschen. Simone rauchte Kette, verlor an Gewicht und an Lebensfreude und hatte nur noch ein Thema: Sascha. Als sie zu mir in die Psychotherapie kam, war sie depressiv. Sie wollte von mir wissen, wie sie ihn endgültig zurückgewinnen könne. Auf meine Frage, warum sie ihn denn unbedingt zurückhaben wolle, wo er ihr doch so viel Leid zugefügt habe, erklärte sie: „Ich liebe ihn so sehr!"

Ich liebe ihn/sie so sehr!

Viele Partner erklären mir, dass sie und ihr Liebesobjekt so gut zusammenpassen würden, dass es sich um den Traummann – die Traumfrau – handeln würde. Und manchmal ist das auch so. Bindungsängstliche sind ja oft sehr erfolgreich im Leben und haben viele anziehende Eigenschaften. Aber ihr Defekt, also die Bindungsangst als solche, kann sie zu maximal ärgerlichen und/oder verletzenden Manövern verleiten, die weit hinter die normale Grenze des Erträglichen reichen. Bei nüchterner Betrachtung sind sie also nicht der Traummann oder die Traumfrau. So wie Sascha im obigen Beispiel. Als ich Simone fragte, was sie denn so toll an ihm finde, erklärte sie, sie passten so gut zusammen, sie würden so viele Interessen und Hobbys teilen. Als ich sie dann fragte, wie oft sie denn diese Interessen und Hobbys miteinander teilten, musste Simone einräumen, dass das so gut wie nie der Fall ist, weil Sascha sie kaum in seine Freizeitaktivitäten mit einbezieht. Dann fragte ich sie, ob der Mann ihrer Träume sich denn wie folgt verhielte: Er verpisst sich ständig, übernimmt keinerlei Verantwortung, beleidigt sie, lügt und betrügt. Das verneinte sie natürlich. Der Punkt ist, dass Simone wie die allermeisten Partner von Bindungsängstlichen ihren Geliebten vollkommen verklärt und idealisiert wahrnimmt. Sie nimmt nicht die Realität seines Verhaltens wahr, sondern träumt davon, *wie er sein könnte*. Diese Träume nährt sie mit Erinnerungen aus der verliebten Anfangszeit. Andere Betroffene, bei denen es nie zu einer Beziehung mit ihrer Zielperson kam, nähren ihre Träume aus der puren Fantasie.

Der Bindungsängstliche wird also stark positiv verzerrt wahrgenommen. Dies liegt auch daran, dass die verletzten Partner ihn aus der Froschperspektive sehen. Weil der Bindungsängstliche sich nämlich nicht wirklich auf die Beziehung einlässt, gelangt er in eine überlegene Position. Er ist in den Augen der Partner gewissermaßen unerreichbar und damit erhält er einen geradezu überirdischen Glanz. Der Partner selbst, dessen Selbstwertgefühl bereits stark demoliert ist, fühlt sich unterlegen und unattraktiv, weil der Bindungsängstliche ihn nicht haben will. Auch wenn er sich, wenn er in den Spiegel schaut, objektiv attraktiv findet, zweifelt er an seiner äußeren wie inneren Attraktivität, weil er sich abgelehnt fühlt. Deswegen schleifen viele verzweifelte Partner auch bis zur Perfektion an ihrem Aussehen und ihrer Performanz, weil sie irrtümlicherweise glauben, wenn sie irgendwie noch schöner und besser wären, den Bindungsängstlichen umstimmen zu können. Sie versuchen also mit Maßnahmen, die ihren eigenen Wert erhöhen sollen, die Kontrolle zurückzugewinnen.

Die ständige Unsicherheit dem Partner gegenüber wirkt wie ein Klebstoff und bindet den Partner fest an den Beziehungsängstlichen. Das Gefühl, das diesen Klebstoff beschreibt, ist: Verliebtheit. Verliebtheit ist meiner Meinung nach eine Mischung aus Hormonen und Verlustangst (siehe auch Abschnitt „Traue deiner Verliebtheit nicht!"). Und genau das macht die Gefühle der Partner so dramatisch und leidenschaftlich. Sie werden ständig zurückgewiesen, sodass die Verlustangst in ihnen einen festen Platz eingenommen hat. Sie bekommen immer wieder Häppchen von Nähe zugefüttert, was heißhungrig auf mehr macht (Hormone). Der Sex (wenn er denn stattfindet) mit Bindungsängstlichen ist so unwiderstehlich, weil er Mangelware ist und weil er auch im krassen Gegensatz zu der sonstigen distanzierten Haltung steht. Das Nicht-Sicher-Haben-Können des Partners macht total gierig und löst ungeheure Klammer- und Kampfimpulse aus. Diese – im Grunde genommen sehr einfache – Verkaufspsychologie von Angebot und Nachfrage verursacht im gequälten Partner die Illusion von großer Liebe. Und es ist eine Illusion, ob du mir das jetzt glaubst oder nicht. Denn Liebe hat mit dem Theater, das in deiner Beziehung stattfindet, gar nichts zu tun. Liebe ist ein ruhiges, warmes und starkes Gefühl, und was du fühlst, ist unruhig, zerreißend, schmerzhaft und wütend. Dieses Gefühl hat vor allem mit deinem verletzten Selbstwert zu tun. Und wenn du dich sehr abhängig fühlst und gar keinen Absprung findest, dann war dein Selbstwert auch schon vor dieser Beziehung angeschlagen.

Was ist dieses eingebildete Liebesgefühl nur für ein mieser Ratgeber! Es setzt einem Menschen, der sowieso schon am Boden liegt, den Floh ins Ohr, ausgerechnet der Mensch, der ihn zu Boden gestreckt hat, könnte ihm jetzt helfen. Die meisten Partner sind nur am Leiden, so wie Simone. In den Beziehungen mit Bindungsängstlichen geht also nicht um Liebe, sondern um Abhängigkeit.

Ich will ja nur verstehen, was in meinem Partner vorgeht!

Alle Gedanken der gequälten „Co-Piloten" kreisen um die folgenden Fragen: Warum verhält mein Partner sich so? Bin ich nicht gut genug? Ist eine andere/ein anderer besser als ich? Sprich: Könnte mein Partner mit einem anderen Menschen glücklich werden? Und: Was habe ich falsch gemacht? Oder: Hat mein Partner Bindungsangst oder steht er einfach nicht auf mich? Dabei ist gerade die letzte Frage völlig irrelevant, weil die Antwort in beiden Fällen zum selben Ergebnis führt: Die Beziehung wird nicht gelingen – egal, ob der Partner unter Bindungsangst leidet oder nicht auf einen steht. Also, warum ist es dann so vielen Partnern so irrsinnig wichtig zu wissen, ob ihr Liebesobjekt bindungsängstlich ist – oder ob es andere Ursachen gibt? Weil, wie ich nicht müde werde zu betonen, das ramponierte Selbstwertgefühl von der Antwort auf diese Frage abzuhängen scheint: Wäre ihr Partner bindungsängstlich, dann hätten *sie* nicht versagt – stünde er hingegen nicht auf sie, dann hätten sie (in ihren Augen) versagt. Außerdem lässt die Diagnose Bindungsangst Raum für die Hoffnung, dass es ja noch etwas werden könnte, wenn der Bindungsängstliche sich kuriert. Man könnte also doch noch einmal Kontrolle über die Situation bekommen. Aber auch, wenn der Bindungsängstliche sich schon getrennt hat und keinerlei Signale für eine Wiederannäherung sendet, ist es den Partnern immer noch sehr wichtig zu wissen, ob er sich aus Bindungsangst getrennt hat oder aus Gründen, die auf die eigene Person zurückzuführen sind.

Jedoch auch, wenn ich einem verzweifelten Partner schriftlich mit drei Durchschlägen attestiere, dass seine Zielperson unter

Bindungsangst leidet, fühlt er sich noch nicht wirklich entlastet. Denn dann quält ihn die Frage, ob ein anderer Mensch es schaffen könnte, den Partner von seiner Bindungsangst zu befreien – beziehungsweise, ob ein anderer Mensch es dem Partner *wert* wäre, seine Bindungsangst zu überwinden. Mit diesen Überlegungen landen sie also wieder bei ihrem Selbstwertgefühl. Wenn ich meinen Klienten diese Zusammenhänge zurückmelde, entgegnen mir viele: Nein, es ginge nicht so sehr um ihr Selbstwertgefühl, sie wollten nur *verstehen*, was in ihrem bindungsängstlichen Partner vorgeht! Das ist nur leider dasselbe. Mit ein, zwei Nachfragen kommt man direkt wieder zu der Kernfrage: Was habe ich falsch gemacht? Beziehungsweise was kann ich verbessern, um meinen Partner fest an mich zu binden? Letztlich geht es allen darum, die Situation wieder unter Kontrolle zu bekommen und ihren Selbstwert zu retten. Dabei würde es einem Drittel der Betroffenen hierfür schon reichen, wenn ihr Partner angekrochen käme, damit *sie* ihm dann den finalen Stoß verpassen könnten. Eine Klientin erklärte mir, dass sie für diese Rache einen Fünf-Millionen-Euro-Lottogewinn sausen lassen würde. Daraufhin sagte ich ihr: „Wenn Sie irgendwann mal wieder klar im Kopf sind und feststellen, dass Sie wegen diesem Typ fünf Millionen Euro in den Wind geschossen haben, *dann* haben Sie ein Problem, gegen das Ihnen Ihr heutiges vergleichsweise harmlos vorkommen wird."

Eines der größten Probleme bei der Beratung der Partner von Bindungsängstlichen ist, dass sie fast ausschließlich mit ihrem Partner beschäftigt sind und ganz wenig mit sich selbst. Sie sind so besessen von ihrem Wunsch, den Partner zu verstehen und ihn zu erobern, dass es teilweise schwer ist, sie im Gespräch zu erreichen. Immer wieder bemühe ich mich, den Scheinwerfer auf ihr Selbstwertgefühl und dessen Schäden zu lenken, aber sie möchten eigentlich nur über das Verhalten ihres Liebesobjekts reden.

Wenn du also in deiner Beziehung mit einem Bindungsängstlichen etwas verändern oder von ihm loskommen möchtest, dann musst du aufhören, dich mit deinem Partner zu beschäftigen, und anfangen, dich um deine Anteile an der Situation zu kümmern. Die Fragen, warum er oder sie sich so verhält, bringen dich nicht wirklich weiter. Wie gesagt ist es nämlich im Ergebnis egal, ob dein Partner sich so verhält, weil er dich nicht genügend liebt oder weil er unter Bindungsangst leidet (und dich deswegen nicht genügend liebt). In beiden Fällen fühlst du dich zutiefst gekränkt und zurückgewiesen. Denn selbst wenn dein Kopf versteht: „Sie/er leidet unter Bindungsangst – es nicht meine Schuld!", sagt dein Gefühl: „Aua, sie/er will mich nicht haben!" Und genau die Tatsache, dass dein Liebesobjekt dich ablehnt, ist es, was dich so sehr runterzieht. Du willst unbedingt von ihm oder ihr angenommen werden und fühlst dich zugeich total unfähig, diesen Zustand herbeizuführen. Und dieses Gefühl der Ohnmacht und Hilflosigkeit macht dich depressiv. Im Grunde ist es wie Sterben. Vor dem Sterben haben die meisten Menschen auch nur so viel Angst, weil es absolut nicht in ihrer Hand liegt, den Zeitpunkt und die Art und Weise selbst zu bestimmen. Wenn nämlich jeder Mensch so lange leben dürfte, wie er wollte, um dann irgendwann freiwillig abzudanken, hätten keiner Angst vor dem Tod. Mit diesem Vergleich will ich ausdrücken, welche zutiefst existenzielle Bedeutung der Kontrollverlust für uns hat. Es ist also ganz, ganz wichtig, dass du wieder Kontrolle über dein Leben bekommst.

Erlange die Kontrolle zurück!

Das Erste, was du verstehen musst, ist total banal: Es gibt nur einen einzigen Menschen auf dieser Welt, über den du Kontrolle hast, und das bist du selbst! Du kannst dich auf den Kopf stellen, schreien und flehen, aber du hast keinen Einfluss auf die Entscheidungen deines aktiv bindungsängstlichen Partners. Im Gegenteil: Je mehr du an ihm rumschraubst, desto weniger wird er gewillt sein, deinem Begehr stattzugeben. Vielleicht hattest du selbst schon einmal eine Beziehung, wo dir jemand hinterhergelaufen ist und dich unbedingt binden wollte – dann überlege mal, wie attraktiv du diesen Partner gefunden hast. Vermutlich kein Stück.

Gestehe dir die Realität deiner Beziehung ein, nämlich, dass du ohnmächtig bist. Und gestehe dir eine noch schmerzlichere Wahrheit ein, nämlich, dass dein Partner dich tatsächlich nicht so sehr liebt, wie du es gern hättest. Vor dieser Erkenntnis möchtest du nämlich gern die Augen verschließen, weil sie dir so unendlich wehtun würde. Aber auch das ist ein Grund, warum du ständig nach Erklärungen suchst: Du willst es dir irgendwie so hinbiegen, dass er dich doch liebt, aber dazu halt nicht stehen kann. Es ist aber leider so, dass Bindungsangst in den meisten Fällen zu einem Verlust der Liebesgefühle führt.

Die Flucht deines Partners löst in dir einen natürlichen Klammerimpuls aus. Es ist ja schließlich „psychologisch", dass man festhalten will, was einem wichtig ist, wenn es einem entgleitet. Aber in diesem Fall ist das Festhalten vollkommen kontraproduktiv. Du musst loslassen, also genau die gegenteilige Bewegung vollziehen. Dies gilt auch für den Fall, dass du bei deinem Partner bleibst. Um ihn nicht weiter mit deinen großen Gefühlen und deinem Bindungswunsch zu erdrücken, musst du ein gutes Stück unabhängiger werden. Dies schaffst du, indem du den Fokus von ihm weg auf dich lenkst. Allein schon, dass er nicht mehr im Lichtkegel deiner Aufmerksamkeit steht, wird ihn erleichtern, vielleicht auch ein wenig kränken – beides ist gut, wenn er sich für seine Gefühle an dich erinnern soll. Aber dass er sein Verhalten hierdurch verändert, ist keinesfalls der Zweck der folgenden Übungen, sondern höchstens eine angenehme Nebenwirkung. Es geht um dich. Sobald du dein Leben wieder selbst in die Hand nimmst und nicht mehr darauf wartest, dass dein geliebter Bindungsängstlicher dich glücklich macht und erlöst, wird es dir ein großes Stück besser gehen. Wie du das schaffst, sage ich dir auf den folgenden Seiten.

Der Weg in die Unabhängigkeit

Egal, ob du passiv bindungsängstlich, sicher gebunden oder anklammernd gebunden bist oder nicht weißt, zu welchem Typ du gehörst, du machst im ersten Schritt genau dieselbe Übung wie die aktiv Bindungsängstlichen, nämlich jene zum inneren Kind ab Seite 91. Es ist wichtig, dass du deine inneren Glaubenssätze und damit dein Selbstwertgefühl genauer betrachtest. Wenn du bei dieser Übung feststellst, dass sich da eine Menge negativer Glaubenssätze in dir tummeln, dann arbeitest du das ganze Kapitel „Vom Jein zum Ja!" durch. Es ist egal, ob du aktiv oder passiv bindungsängstlich bist oder eher zu den Klammeräffchen zählst, die Übungen und Reflexionen, die dort zu finden sind, helfen in allen Fällen.

Was dich so abhängig macht von deinem Partner, sind deine großen Gefühle und die Hoffnung, dass doch noch alles gut wird.

Die Hoffnung ist ein ganz schlimmer Kitt. Selbst in den aussichts-
losesten Fällen hoffen die Betroffenen auf ein Wunder. Ich habe den
Kontrollverlust mit der Todesangst verglichen, vielleicht könnte es
dir schon ein Stück weit helfen, wenn du dir einmal ganz bewusst
machst, dass du nicht stirbst, wenn diese Beziehung scheitert oder
nicht zustande kommt. Es gibt ganz sicher ein Leben nach der
Beziehung. In den allermeisten Fällen ist das Leben nach der Beziehung auch schöner als das vorher. Vor allem dann, wenn du dich
persönlich weiterentwickelst. Hierfür bieten unglückliche Liebesbeziehungen den besten Boden. Man ändert nämlich nichts, wenn
alles gut läuft. Erst wenn ein Mensch Leidensdruck verspürt, hält er
inne und geht in sich und/oder er setzt sich in Bewegung. Diese
Krise, in der du steckst, hat sehr viel mit dir zu tun. Wenn du nämlich über einen langen Zeitraum in einer unglücklichen Beziehung
verharrst, dann kannst du schlecht loslassen und/oder du hast eine
unrealistische Einschätzung deiner Macht. Das heißt, du wähnst
deinen persönlichen Einfluss auf dein Schicksal, sprich auf das Verhalten deines Partners, zu hoch. Dies gilt vor allem, wenn du eine
sogenannte Kämpfernatur bist. Die Kämpfernaturen fühlen sich so
lange noch einigermaßen wohl, wie sie die *Illusion* einer Hand-
lungsmöglichkeit verspüren. Geht jedoch wirklich gar nichts mehr,
sind sie todunglücklich, sie sind sehr schlecht im *Ertragen* von Problemen. Manche Probleme kann man jedoch nur ertragen und
nicht lösen. Ich ziehe noch einmal den düsteren Vergleich zum
Sterben: Sich einzugestehen, dass man vollkommen machtlos ist,
und die Hoffnung aufzugeben fühlt sich an wie Sterben. Die gute
Nachricht ist: Du bleibst am Leben!, auch wenn die Beziehung
„sterben" sollte.

Wenn du also unabhängiger werden willst, hör auf, darauf zu
hoffen, dass dein Partner sich ändert – es sei denn, er will sich
ändern. Lass endlich los, und zwar entweder, indem du dich
trennst oder akzeptierst, dass er sich getrennt hat, oder indem du
ihn so akzeptierst, wie er ist.

Mach dein eigenes Ding

Es ist schwer, einfach nur loszulassen, wenn man auf der anderen
Seite nichts Neues hinzugewinnt, was man dagegenhalten
könnte. Denn so stellt sich, nachdem man losgelassen hat, ein-

fach nur eine innere Leere ein. Versuche also der Energie, die du bisher in deinen Partner gesteckt hast, eine neue Richtung zu geben. Bereits unter dem Abschnitt „Erste Hilfe für Betroffene" auf Seite 50 habe ich dir geraten, dich auf deine Interessen, Hobbys, den Beruf oder die Ausbildung zu konzentrieren. Wenn du schon immer einmal eine bestimmte Fortbildung machen, ein bestimmtes Hobby anfangen, eine bestimmte Reise unternehmen wolltest, dann ist jetzt der beste Zeitpunkt dafür. Es ist ganz wichtig, dass du dir in deinem Leben wieder Bereiche des Glücks eroberst, die in *deiner Hand* liegen. Je öfter du feststellst, dass du dich mit einer bestimmten Tätigkeit, die gar nichts mit deinem Partner zu tun hat, glücklich gemacht hast, wirst du dich wieder ein Stück autonomer fühlen. In diesem Zusammenhang kann ich dir auch raten, möglichst viel Sport zu treiben, weil Sport ein Antidepressivum ist und auch das Gefühl der Autonomie stärkt, weil man beim Sport durch Training und Disziplin sein Können sehr steigern kann. Beim Sport liegt der Erfolg zu großen Teilen in deiner eigenen Hand. Sport vermittelt dir so ein starkes Gefühl von Kontrolle. Und das tut dem Selbstwert gut. Auch wenn du dich oft zu depressiv fühlst, um Sport zu treiben, dann zwing dich einfach – du wirst sehen, danach geht es dir besser.

Eine weitere Sache, auf die du deine Energie richten solltest, ist deine persönliche Weiterentwicklung. Wie gesagt, du hast auf deinen Partner keinen Einfluss, aber du kannst an dieser Krise sehr reifen. Reflektiere über dich und deine Gefühle also möglichst genau mithilfe der Anregungen, die ich dir in diesem Buch gebe.

Wann sollte man die Hoffnung aufgeben?

In meinem Buch „Jein!" bin in einem Punkt häufig missverstanden worden: Viele meinten, dort stünde, dass eine Trennung von einem Bindungsängstlichen der einzige Ausweg sei. Das stimmt aber nicht, das habe ich nicht geschrieben. Ich müsste ja meinen Beruf an den Nagel hängen und bräuchte auch dieses Buch nicht zu schreiben, wenn ich der Überzeugung wäre, dass man sich nicht von seiner Bindungsangst befreien kann. Also gibt es natürlich Hoffnung, dass der Partner sich verändert, aber – und das war schon meine Botschaft in „Jein!" – diese Hoffnung ist nur berechtigt, wenn der Bindungsängstliche diese Veränderung *selbst will*. Längst nicht alle Betroffenen wollen sich verändern, einigen macht die Veränderung zu viel Angst. Andere verspüren zu wenig Leidensdruck, als dass es ihnen der Mühe wert wäre. Wieder andere sind überzeugt davon, dass sie nicht unter Bindungsangst leiden, sondern das Problem beim Partner liegt. Wenn du also über die Frage entscheiden möchtest, ob es noch Sinn macht, Hoffnung zu haben, dann musst du dich mit der Frage befassen, inwieweit dein Partner a) Problemeinsicht hat und sich b) verändern möchte. Das gilt auch für die, die keinen Partner haben, sondern einen Schwarm, den sie einfangen wollen. Wenn du einen Partner oder Ex-Partner hast, von dem du nicht loskommst, dann solltest du ihn auf die „Diagnose" Bindungsangst aufmerksam machen und ihm dieses Buch empfehlen. Oft bekomme ich Mails, in denen ich gefragt werde, ob man dem Partner denn sagen könne, dass er unter Bindungsangst leide, und ob man ihm einfach mein Buch „Jein!" überreichen dürfe. Ja, warum denn nicht!? Diese Frage zeigt meines Erachtens, wie kommunikationsgestört die Partner in der Beziehung geworden sind oder vielleicht auch schon vorher waren. Bindungsängstliche stellen um sich herum ja eine Menge Verbotsschilder auf und ziehen diverse Grenzzäune, sodass die vollkommen verunsicherten Partner oft nur auf Zehenspitzen um den Bindungsängstlichen herumschleichen, aus lauter Angst, ihn noch mehr zu verschrecken. Das ist aber die falsche Taktik. Hier hilft nur Offenheit. Sprich ihn oder sie auf das Problem an und schau, ob er/sie das auch so sieht und ob er/sie etwas verändern will. Wenn er oder sie sagt, sie/er hätte kein Problem, dann *vergiss es*. Und dabei ist es völlig egal, ob dein Partner wirklich kein Problem hat – du also falsch liegst, oder ob er sein Problem nicht erkennt beziehungsweise verdrängt. Das Ergebnis ist absolut dasselbe, er oder sie wird sich nicht ändern! Auch wenn dein Partner herumeiert und das Buch über einen längeren Zeitraum (ein Monat) angelesen in der Ecke rumliegt, kannst du es vergessen. Dein Partner ist dann – wie so oft – unwillig, irgendetwas zu tun, was du von ihm erwartest. Die Bindungsängstlichen, die ernsthaft Hilfe wollen und das auch durchziehen, sind nach meiner Erfahrung alles Menschen, die das Buch „Jein!" geradezu verschlingen, damit aktiv arbeiten und/oder sich sehr schnell um Hilfe in Form von Psychotherapie oder einem meiner Seminare bemühen.

Wenn dein Partner jedoch einräumt, dass er ein Problem hat, und sagt, er wolle daran etwas verändern, dann schau, mit welchem Engagement und Schwung er das durchzieht. Nicht selten bleibt es nämlich beim Lippenbekenntnis. Manche bekennen auch im „Erstgespräch" mit ihrem Partner ihr Problem, verleugnen es dann aber wieder. Eine Klientin von mir hatte sich auf den dritten Beziehungsversuch mit einem bindungsängstlichen Mann eingelassen, weil dieser beteuerte, er werde an seiner Bindungsangst arbeiten. Das ging genau ein Wochenende gut. Am Montag erklärte er bereits, er habe keine Bindungsangst, er liebe sie halt einfach nicht genug. Du kannst dir selbst ja eine Frist setzen, wie lange du abwartest, ob dein Partner etwas verändert. Diese sollte jedoch relativ kurz sein, weil der Partner, der nicht in die Gänge kommt, dies auch in Zukunft nicht tun wird, oder zu einem Zeitpunkt, wo ihr bereits Enkelkinder haben könntet.

Manche Bindungsängstlichen arbeiten auch an ihrem Problem, aber sie kommen unheimlich schleppend beziehungsweise gar nicht von der Stelle, zum Beispiel, weil sie einen Therapeuten haben, der diese Thematik nicht genügend auf dem Radar hat. Oder, weil ihr Problem sehr tief sitzt. Vor allem die gleichgültigen Vermeider verlieren immer wieder den Kontakt zu ihren Gefühlen und mithin auch zu ihrem Leidensdruck, was den Veränderungsprozess sehr zäh werden lassen kann. Höre bitte auf deinen kritischen Verstand, frage ihn, wie er die Prognose einschätzt. Dein Verstand wird wahrscheinlich recht haben, es sind nur deine verliebten Gefühle, die dich an deinem Partner kleben lassen, beziehungsweise das Kind in dir, das der Wahrheit nicht ins Auge sehen will.

Traue deiner Verliebtheit nicht!

Wie du wahrscheinlich schon mitbekommen hast, bin ich kein großer Fan dieses Verliebtheitsgefühls. Ich meine, es ist zwar wirklich schön, verliebt zu sein, aber es ist auch ein ziemlich hysterischer Zustand und paradoxerweise ist Verliebtheit ein verdammt schlechter Ratgeber in Liebesfragen. Verliebtheit fängt ja auch mit der Vorsilbe „ver" an. So wie *ver*kehrt oder *ver*laufen. Das sollte einem schon Anlass zur Skepsis geben.

Vor dem Hintergrund der menschlichen Evolution hat das Gefühl der Verliebtheit den Sinn, dass wir uns für einen

Paarungspartner entscheiden und hinreichend lange bei ihm bleiben, um Nachkommen zu zeugen. Die Natur hat es jedoch so ein-
gerichtet, dass das verliebte Gefühl nach einiger Zeit aufhört, weil
die jungen Eltern ansonsten mehr mit sich selbst als mit ihrer Brut
beschäftigt wären. Nach der Verliebtheit kommt – im Idealfall – ein
tieferes Bindungsgefühl, das „Liebe" genannt wird. Die Fähigkeit
des Menschen, eine langfristige Bindung einzugehen, hat den
lebensgeschichtlichen Sinn, den kleinen Menschenkindern, die so
unendlich lange brauchen, bis sie selbstständig leben können,
konstante Eltern- und Familienbeziehungen zu bescheren, in
denen sie gedeihen können. An all diesen Prozessen sind
Hormone beteiligt. (Die Verliebtheitshormone sind Dopamin,
Noradrenalin und Serotonin. Die Wollust wird vor allem durch
Testosteron und Östrogen bestimmt und die langfristigen Bindungen durch Oxytocin und Vasopressin.)

Für Menschen, die sich jedoch immer wieder in die Falschen
verlieben, sollten die verliebten Gefühle eher ein Warnsignal denn
Paarungssignal sein. Die Verliebtheit zeigt nämlich in diesem Fall
an, dass ihr Zielobjekt genau in ihr „verkehrtes" Beuteschema
passt und sie sich am besten auf dem Fuß umdrehen und davonlaufen sollten. Wir projizieren alle möglichen Träume, Fantasien
und versteckten Ängste in unser Liebesobjekt, was nicht unbedingt Gutes verheißt.

Eine Liebe und langfristige Bindung kann auch ohne Verliebt-
heitsgefühle am Anfang auskommen. Liebe heißt vor allem füreinander zu sorgen und Verantwortung füreinander zu übernehmen.
Vielleicht bist du jetzt ein wenig schockiert, weil in deiner romantischen Vorstellung von der Liebe alles mit der Verliebtheit beginnt.
Aber dafür, dass Liebe auch ohne Verliebtheit auskommt, gibt es
sogar neurobiologische Hinweise: So hat eine Forscherin namens
Helen Fisher interessanterweise festgestellt, dass bei der Verliebtheit Hirnareale beteiligt sind, die sich auf das eigene Selbstempfinden beziehen. Wenn wir verliebt sind, genießen wir also vor
allem *unsere* Freude, Erregtheit und Lebendigkeit, auch wenn wir
unser Liebesobjekt noch gar nicht gut kennen. Erst mit der tieferen
Liebe werden Hirnareale tätig, die die Emotionen anderer Menschen widerspiegeln, die also auf eine tiefere Empathie hinweisen.

Verliebtheit und Narzissmus haben deshalb meines Erachtens
einen wechselseitigen Vertrag unterschrieben. Ich hatte ja schon

an anderer Stelle geschrieben, dass Verliebtheit eine Art Prüfungsangst in Sachen Selbstwert ist. Wenn man von einem Bindungsängstlichen nicht loskommt, dann vor allem deshalb, weil man sein „Prüfungsergebnis" nicht akzeptieren kann. Ich habe schon einmal gesagt, dass es relativ egal ist, ob du mit dem Verstand weißt: „Es ist nicht meine Schuld, dass die Beziehung nicht klappt!", weil dein Gefühl nur spürt: „Aua, ich bin abgelehnt!" Und dieser Zustand ist inakzeptabel und muss unter Kontrolle gebracht werden. Genau dieser Kontrollverlust fühlt sich wie der Beginn der „großen Liebe" an. Man ist unglaublich verliebt. Aber man täuscht sich. Nur, weil in bindungsängstlichen Beziehungen nie ein Gefühl der Sicherheit und Ruhe einkehrt, verbleibt das anfängliche Verliebtheitsgefühl auf diesem hohen Pegel. Neben den üblichen Verliebtheitshormonen, die im Gehirn ausgeschüttet werden und dieses High-Gefühl auslösen, ist meiner Meinung nach in bindungsängstlichen Beziehungen auch viel Adrenalin im Spiel und zwar, weil die passiv Bindungsängstlichen mit einer chronischen Angst vor Verlust und Zurückweisung leben. Das Auf und Ab in der Beziehung gleicht einer Achterbahnfahrt. Mach das besser auf der Kirmes, das ist gesünder.

Durch die vielen Zurückweisungen und den Kontrollverlust, die dir diese Beziehung beschert, wird das verliebte Gefühl stärker, weil es anfängt zu schmerzen und weil es eine unheimlich starke (Sehn-)Sucht auslöst, den Bindungsängstlichen doch noch fest an sich zu binden. Dabei geht es dir eigentlich nur darum, deinen Selbstwert zu heilen und die Kontrolle wiederzuerlangen. Dein Partner ist hierfür nur die Projektionsfläche. Deswegen rate ich dir, dein verliebtes Gefühl nicht über deine Handlungen bestimmen zu lassen, sondern es möglichst gar nicht ernst zu nehmen. In der Therapie mit depressiven Menschen bringt man diesen bei, einen inneren Abstand zu ihren depressiven Gefühlen und inneren Stimmen herzustellen. Sie lernen, diese „Einflüsterungen" an dunklen Gedanken als das zu entlarven, was sie sind, nämlich eine depressive Verstimmung und nicht die Realität. Wenn ein Depressiver sich also sagen hört: „Das ist ja sowieso alles sinnlos!", dann erklärt der innere Erwachsene dem depressiven inneren Kind, dass es das nur denkt, weil es depressiv ist. Er erklärt ihm, warum diese Aussage nicht richtig ist. Dass sie früher bei Mama und Papa vielleicht mal richtig war, aber heute nicht mehr, und so weiter.

Bei allen psychischen Veränderungen geht es darum, einen gewissen Abstand zu seinem eigenen Programm zu bekommen. In diesem Sinne möchte ich dir dringend empfehlen, einen gewissen Abstand zu deinen verliebten Gefühlen herzustellen. Nimm sie nicht so ernst, entlarve sie als das, was sie sind: ein Cocktail aus Selbstwertkränkung und Kontrollverlust. Liebe geht ganz anders als das, was du gerade in deiner Beziehung erlebst. Und dein Partner ist auch nicht das „unerreichbare Idol", sondern ein normaler Mensch, mit Schwächen und (vermutlich) psychischen Problemen.

Mach also bitte mal, am besten schriftlich, eine Inventur, was dir diese Beziehung wirklich bringt und wie dein Partner sich tatsächlich verhält. Nimm also eine Abgrenzung vor zwischen dem, was du gern hättest, und dem, was tatsächlich stattfindet. Dann frage deinen schlauen Kopf nach der Prognose und triff eine Entscheidung. Wenn die Entscheidung so ausfällt, dass du bei deinem Partner bleiben willst, dann akzeptiere ihn, so wie er ist, und höre auf, an ihm herumzudoktern. Du erreichst damit gar nichts – es törnt ihn nur ab und treibt ihn in die Flucht.

Wenn dein Partner jedoch zu jenen gehört, die an sich arbeiten wollen, dann ist die Ausgangslage, wie schon gesagt, eine ganz andere. Dann solltet ihr viel miteinander reden und das Problem gemeinsam angehen. Aber auch hier wäre es wichtig, dass du dich auch um dich und deine eigenen Anteile an der Geschichte, also um deine Glaubenssätze und dein inneres Kind kümmerst, damit Ihr gemeinsam wachsen könnt.

Der Abschied – wenn du dich trennen willst!

Falls du zu dem Ergebnis kommst, dass du mit dem, was du von deinem Partner bekommst, nicht leben kannst und die Beziehung beenden möchtest, dann nimm dir bitte die folgenden Hilfestellungen zu Herzen.

Die spezielle Dynamik bindungsgestörter Beziehungen stellt mehrere Fallen bereit, die die endgültige Trennung sehr schwer machen. Es sind die starken Gefühle, die die Partner nicht loskommen lassen. Dazu habe ich ja schon einiges gesagt. Wenn es dir nicht gelingt, zu deinen verzweifelten Verliebtheitsgefühlen einen inneren Abstand zu bekommen – du aber meinst, du musst dich von deinem Partner endgültig trennen, dann beachte bitte die folgenden Hinweise.

Akzeptiere, dass du abhängig bist
Behandle dein Problem am besten wie eine Suchterkrankung. Dieser Vergleich mag dir zwar sehr drastisch erscheinen, aber das Festhalten an einer bindungsgestörten Beziehung weist tatsächlich sehr viele Parallelen zu einer stoffgebundenen Abhängigkeit auf:

- Das persönliche Glücksempfinden hängt von diesem Menschen (der Droge) ab.
- Die Gedanken kreisen beständig um die Sicherstellung und Beschaffung der Droge.
- Trotz des Wissens, dass die Droge für den Körper und die Seele schädlich ist, muss sie weiter zugeführt werden.
- Es werden gravierende Nachteile für andere Lebensbereiche in Kauf genommen, um die Droge weiter einzunehmen (Vernachlässigung von Interessen, Beruf, Freunden, Konzentrationsschwäche, Depressionen und Angstzustände, Stimmungsschwankungen, psychosomatische Erkrankungen).
- Es stellen sich starke Entzugssymptome ein, vor allem in Form depressiver Zustände, wenn die Droge abgesetzt wird.
- Es gibt viele vergebliche Versuche, von der Droge loszukommen oder sie kontrolliert einzunehmen.

Lass dich also ruhig auf den Gedanken ein, dass du abhängig bist und für den Ausstieg aus dieser Abhängigkeit ähnliche Vorkehrungen wie ein Junkie treffen musst, der vom Heroin wegkommen möchte.

Wie bei stoffgebundenen Drogen ist für den Ausstieg aus der Sucht eine absolute Abstinenz erforderlich. Das heißt in diesem Fall eine totale Kontaktsperre, bis der Entzug abgeschlossen ist. Der Entzug ist dann abgeschlossen, wenn du vollständig entliebt bist. Halte dir auf gar keinen Fall ein Hintertürchen offen, indem du ihm oder ihr eine „Freundschaft" anbietest. Das funktioniert nicht. Es ist lediglich ein Spiel mit dem Feuer. Wenn du den Entzug abgeschlossen hast und durch das Verhalten deines Partners nicht so verletzt bist, dass er oder sie für eine Freundschaft sowieso nicht infrage kommt, dann kannst du den Freundschaftsgedanken auf diesen Zeitpunkt verschieben. Aber keinen Tag früher!

Vermeide jegliche Versuchung
Meide Versuchungen wie Orte, an denen eine Begegnung mit deinem Ex-Partner wahrscheinlich ist. Verbanne Schlüsselreize wie Fotos, Geschenke, gemeinsame Musik etc. Entferne möglichst alles aus deiner persönlichen Umgebung, was dich an deinen Ex-Partner erinnert. Nimm keinen Kontakt zu den Freunden und der Familie deines Ex-Partners auf. Diese Kontakte dienen meistens nur dazu, um an Informationen heranzukommen, zu erfahren, was der Ex-Partner macht und wie es ihm geht. Hierin liegt eine große Rückfallgefahr. Wenn es aus deiner Sicht sehr unhöflich wäre, den Kontakt zu einigen Menschen aus seinem Umfeld abzubrechen, erkläre ihnen einfach diese Maßnahme und sage ihnen, du würdest dich melden, sobald der Entzug abgeschlossen ist.

Lösche alle Telefonnummern und E-Mail-Adressen deines Ex-Partners aus deinen Verzeichnissen. Damit baust du eine gute Hürde für spontane Rückfallhandlungen ein. Außerdem setzt es ein klares Zeichen für dich, dass diese Person aus deinem Leben „gelöscht" ist.

Führe eine Mängelliste mit dir herum
Erstelle eine ausführliche „Mängelliste", auf der du alles notierst, was dich in dieser Partnerschaft unglücklich gemacht und was dich an deinem Ex-Partner gestört hat. Diese Mängelliste betrachtest du immer, wenn dein Gedächtnis wieder zu versagen droht, du dich also bei Fantasien ertappst, wie schön doch alles war. Verbanne insbesondere sexuelle Fantasien aus deinem Kopf. Durch den ständigen Wechsel von Nähe und Distanz sind bindungsgestörte Beziehungen besonders leidenschaftlich, und dies macht das Loskommen schwer. Du kannst einen kleinen, aber wirksamen Trick anwenden: Mach dir ein Gummiband um dein Handgelenk. Immer wenn du dich dabei ertappst, dass du an deinen Ex-Partner denkst, schnipp dich mit dem Gummiband, um den Gedankenfluss zu stoppen.

Hüte dich vor Selbstmitleid

Strukturiere deinen Tag und insbesondere deine Wochenenden. Vermeide es bitte, zu tief in Trauer und Selbstmitleid abzurutschen. Hier würden mir einige Kollegen widersprechen, die eher die Auffassung vertreten, die Trauer müsste „voll durchlebt" werden. Ich persönlich halte nichts von diesem „Verarbeitungsfundamentalismus" – zumindest nicht bei Trennungen. Bei Todesfällen ist es etwas anderes. Wenn du deiner Trauer und damit einhergehend deinem Selbstmitleid, das immer ein grundlegender Bestandteil von Liebeskummer ist, zu viel Raum gibst, dann erhöhst du die Rückfallgefahr. Man muss auch immer bedenken, dass man sich in Gefühle hineinsteigern kann. Das hast du vermutlich während deiner Beziehung zur Genüge getan. Es geht jetzt darum, aus deinen übersteigerten Gefühlen auszusteigen. Jetzt ist der Zeitpunkt, um in die Zukunft zu blicken! Deswegen nimm dir bitte viel vor. Verabrede dich mit Freunden, geh deinen Hobbys nach, treibe Sport.

Suche dir Hilfe

Wende dich an Freunde und auch an deine Familie. Du brauchst in dieser Phase dringend die Unterstützung von Menschen, die dich mögen und lieben und die voll auf deiner Seite stehen. Scheue dich nicht, die Hilfe von deinen Freunden anzunehmen. Freunde können in dieser Zeit deine wertvollste Stütze sein. Falls du das Gefühl hast, Freunde reichen nicht, dann scheue dich nicht, professionelle Hilfe zu suchen. Wir Psychologen sind für solche Fälle da, nimm diese Dienstleistung ruhig in Anspruch. Liebeskummer und Schwierigkeiten, sich aus einer Abhängigkeit zu lösen, sind durchaus ein guter Grund, zum Psychologen zu gehen. Denke nicht, dein Problem wäre zu klein oder zum Psychologen gingen nur „psychisch Kranke". Du gehst auch zum Zahnarzt, wenn du ein Loch im Zahn hast, und nicht erst, wenn du ein Gebiss benötigst. Da die Psychologen, die über die Krankenkasse abrechnen, meistens sehr lange Wartezeiten haben, gebe ich dir den Tipp, einen Psychologen aufzusuchen, der nicht über die Kasse abrechnet, denn diese haben zumeist auch kurzfristig einen Platz frei. Die Kassenzulassung hat im Übrigen nichts mit der Qualität des Psychologen zu tun. Investiere ruhig das Geld für ein paar psychologische Gespräche, das kann sich durchaus lohnen.

Du kannst dich aber auch an eine öffentliche Beratungsstelle wenden, deren Adresse du unter dem Stichwort „Psychosoziale Kontakt- und Beratungsstellen" im Branchenbuch findest. Auch diese haben häufig nicht so lange Wartezeiten und sind entweder kostenlos oder sehr günstig.

Geh aus und flirte
Flirte ruhig und halte die Augen offen nach einem neuen Partner. Auch hier würden wieder die Verarbeitungsfundamentalisten aufschreien, so soll man sich doch erst ganz gelöst haben, bevor man eine neue Beziehung eingeht! Ehrlich gesagt halte ich diese Forderung für etwas lebensfremd. Das beste Gegengift gegen eine alte unglückliche Liebe ist eine neue Liebe. Pass nur auf, dass du nicht wieder an ein ähnliches Exemplar gerätst! Halte deine Ohren und Augen offen, nimm wahr und ernst, was er oder sie dir erzählt. Versuche herauszufinden, woran seine oder ihre früheren Beziehungen gescheitert sind. Die Vergangenheit bietet viele Hinweise. Du brauchst und sollst ja auch nichts überstürzen. Untersuche deinen neuen Kandidaten oder deine neue Kanditatin ruhig genau, bevor du dich mit Haut und Haaren verliebst. Wenn du viele neue Erkenntnisse über dich durch die Arbeit an dir selbst gewonnen hast, dann hat sich wahrscheinlich dein „Beuteschema" positiv verändert oder du weißt zumindest theoretisch, um welchen Typ du einen Bogen schlagen musst. Wie ich weiter oben schon gesagt habe, kann für dich „Verliebtheit" sogar ein Warnsignal sein, dich genau dieser Person besser nicht zuzuwenden. Große Lieben können sich auch ohne ein anfängliches Gefühl der Verliebtheit entwickeln, vor allem dann, wenn man wirklich gut zueinander passt.

Erlaube dir, richtig wütend zu sein
Schüre deine Wut auf deinen Ex-Partner. Wut, die sogenannte Trennungsaggression, ist ein sehr wichtiger Zwischenschritt bei der Ablösung vom alten Partner, den du nicht überspringen solltest. Erst wenn du die Wut hinreichend ausgelebt hast, kann im nächsten Schritt eine innere Versöhnung stattfinden. Führe dir vor Augen, wo er oder sie sich immer wieder extrem unzuverlässig, egoistisch, unverschämt, verräterisch, hinterhältig, unaufrichtig, diffus und verantwortungslos verhalten hat. Entschuldige dieses Verhalten nicht! Mach dir klar, wie beschissen es dir damit

ging. Realisiere, dass diese Beziehung „endgestört" war. Schreibe einen Abschiedsbrief, in dem du mit ihr oder ihm abrechnest. Schicke den Brief aber nicht ab, denn er würde wieder eine Verbindung herstellen. Ein abgeschickter Brief würde dich in die Gefahr bringen, auf eine Antwort zu warten oder eine Antwort zu erhalten, die die Beziehung wieder in Gang setzen könnte. Du könntest aber auch, um der Versuchung zu widerstehen, dass du den Brief abschickst, die Briefform wegfallen lassen und nur für dich aufschreiben, wie wütend dich das Verhalten deines Ex-Partners gemacht hat.

Mache alles, was dir guttut und was dein Selbstwertgefühl steigert. Pflege dich, mache dich schön. Gönne dir so viele Annehmlichkeiten, wie deine Zeit und dein Budget es zulassen. Du darfst dich jetzt richtig verwöhnen. Diätpläne oder Raucherentwöhnung kannst du auf einen späteren Zeitpunkt verlegen.

Vorsicht Falle!
Falle nicht auf die Wiederannäherungsversuche deines Ex-Partners herein. Bindungsscheue haben Angst vor der Festlegung. Das heißt, es wird deinem Partner wahrscheinlich nicht schmecken, wenn du dich endgültig trennst. Viele Bindungsängstliche können ja nur Liebe und Sehnsucht verspüren, wenn ihnen der Partner nicht gewiss oder abhanden gekommen ist. Deswegen ist es durchaus möglich, dass dein Ex-Partner auf einmal anfängt, um dich zu kämpfen. Halte dir vor Augen, dass dein Ex-Partner sich wahrscheinlich gute Chancen ausrechnet, dass du wieder einlenkst. Bisher war dein Ex-Partner immer in der überlegenen Position und er hat sich daran gewöhnt, dass er sich fast alles erlauben kann, ohne dass du ihn (endgültig) verlässt. Es kann ihn ziemlich kampflustig machen, wenn du diesmal nicht so schnell zurückkommst. Mach dir klar, dass das Glück einer Wiedervereinigung von kurzer Dauer sein wird. Sobald dein Ex-Partner meint, er hätte dich sicher, werden seine Distanzbedürfnisse wieder auftauchen. Denke daran, dass er ein tief gehendes Problem hat, das sich nicht einfach durch eine vorübergehende Trennung lösen lässt, nach dem Motto: „Jetzt hat er/sie endlich kapiert, wie wichtig ich ihm/ihr bin!" Mit diesem Gedanken bist du wieder in deiner alten Selbstwert-Falle. Dein Partner verliert seine Liebesgefühle für dich ganz automatisch, wenn die Beziehung wieder zu

eng für ihn wird – ganz egal, wie sehr er dich vorher geliebt haben mag. Es hat nichts mit dir und deinem Verhalten zu tun! Eine Trennung wird ihn nicht therapieren. Dazu ist sehr viel mehr Engagement seinerseits nötig.

Sei nicht beleidigt, wenn dein Partner nicht um dich kämpft. Nicht alle Bindungsängstlichen sind fähig, aus der Ferne Sehnsucht zu entwickeln. Besonders die gleichgültigen Bindungsvermeider sind enorm geübt darin, Trennungen auszuhalten und auf Distanz zu gehen. Sie sind hochbegabt im Verdrängen und in Beziehungsdingen das Gegenteil einer Kämpfernatur. Tappe nicht in die Falle, dass du aus lauter Kränkung, weil dein Ex-Partner gar nicht um dich und Eure Beziehung kämpft, wieder den Kontakt suchst, um festzustellen, ob du ihm wirklich egal bist oder ob er oder sie dich nicht doch noch liebt. Das Wort „Loslassen" sollte zu deinem täglichen Mantra werden. Wenn du wieder auf deinen Partner zugehst, geht das ganze Drama wieder von vorne los. Solltest du stark versucht sein, dich doch noch einmal in den Ring deiner persönlichen „Niederlage" und „Eitelkeit" zu begeben, dann lies bitte noch einmal die entsprechenden obigen Abschnitte und wirf einen Blick auf deine Mängelliste.

Richte deinen Stolz auf
Grundsätzlich gilt: An Liebeskummer stirbt man nicht. Er geht vorüber. Er geht umso schneller vorüber, je mehr du für dich akzeptierst, dass es vorbei ist, und du deine Hoffnung begräbst. Richte deinen Stolz auf – du hast Besseres verdient. Das Bessere wird kommen. Ich versichere dir das, auch wenn du dir es im Moment noch gar nicht vorstellen kannst. Das Bessere kommt umso schneller, je mehr du dich wieder hierfür öffnest. Außerdem kannst du die Erfahrung machen, dass es dir ohne eine Beziehung erheblich besser geht als in einer unglücklichen Beziehung. Es gibt so viele schöne Dinge auf dieser Welt – eine Liebesbeziehung ist nur ein Teil davon, aber nicht dein ganzes Leben. Du wirst dich frei, unabhängig, selbstbestimmt, stolz und zufrieden fühlen, wenn du es geschafft hast, dich von deiner Obsession zu befreien.

Bitte bedenke auch, dass du dich in dieser Beziehung oft zum Idioten gemacht hast. Falls du ein Mann bist und von einer Frau nicht loskommst, die dich immer wieder demütigt und zurückweist, dann mach dir bitte bewusst, wie unmännlich und unsexy dein Verhalten ist. Hör auf mit dem Gejammer und ermanne dich zur Unabhängigkeit.

Falls du eine Frau bist, dann mach dir ebenfalls bewusst, dass du dabei bist, deine Würde zu verlieren, und dass dich das nicht gerade attraktiv macht. Dein Partner soll gefälligst froh und stolz sein, wenn er dich haben darf, aber keinesfalls (!) vor dir davonlaufen.

Werde gewahr, welche Menschen dich wirklich glücklich machen
Wenn du unter Bindungsangst leidest oder zum anklammernden Bindungstyp gehörst und meine Ausführungen ernst genommen hast, dann kannst du dich anhand dieser unglücklichen Liebesbeziehung heilen, zu einem stabilen Selbstwertgefühl finden und damit einhergehend zu einem neuen „Beuteschema" in der Liebe kommen, weil du erkannt hast, worin dein eigentliches Problem besteht. Wenn du gereift bist, dann wirst du vielleicht sehen, dass Männer oder Frauen, die du früher als „wenig spannend" empfunden hast, viel spannender sind als dein Ex-Partner, weil sie nämlich in der Lage sind, sich auf eine Beziehung einzulassen und Verantwortung zu übernehmen. Vielleicht entdeckst du sogar, dass ein Mensch aus deiner Umgebung, der schon lange um deine Liebe wirbt, viel interessanter ist als die Typen, auf die du bisher so gestanden hast, weil du eine gewisse Pseudo-Unabhängigkeit mit „Männlichkeit" verwechselt hast. Oder weil du Frauen, die einfach nur verschlossen und schwierig waren, als sehr „geheimnisvoll" und begehrenswert erlebt hast. Vielleicht bist du so weit in deiner persönlichen Reifung gekommen, dass du heute unkomplizierte, bindungswillige Menschen als viel spannender erlebst als komplizierte Menschen. Wenn du an diesem Punkt angelangt bist, hast du die besten Chancen, in deiner nächsten Beziehung richtig glücklich zu werden.

Literatur

Bartholomew, K. & Horowitz, L. M., Attachment styles among young adults: A test of a four-category model. Journal of Personality and social Psychology, 61, 226–244, 1991.
Brisch, K. H., Bindungsstörungen. Stuttgart, 1999.
Carter, S. & Sokol, J., Nah und doch so fern. Beziehungsangst und ihre Folgen. Frankfurt am Main, 2000.
Fisher, H., Why We Love: The Nature and Chemistry of Romantic Love. New York, 2005.
Griffin, D. & Bartholomew, K., Models of the self and other: Fundamental dimensions underlying measures of adult attachment. Journal of Personality and Social Psychology, 67, 430–445, 1994.
Grossmann, K. & Grossmann K. E., Bindungen – das Gefüge psychischer Sicherheit. Stuttgart, 2004.
Hüther, G., Biologie der Angst. Wie aus Streß Gefühle werden. Göttingen, 2012.
Hüther, G., Bedienungsanleitung für ein menschliches Gehirn. Göttingen, 2013.
Lukas, E., Weisheit als Medizin. Viktor E. Frankls Beitrag zur Psychotherapie. Stuttgart, 1997.
König, T. & Andersen, O., Bindungsangst verstehen und überwinden: Warum Männer und Frauen unter Beziehungsangst leiden und was Sie als Betroffener oder Partner tun können. Hamburg, 2012.
Riemann, F., Grundformen der Angst. Eine tiefenpsychologische Studie. München, Basel, 2006.
Röhr, H.-P., Die Kunst, sich wertzuschätzen. Angst und Depression überwinden – Selbstsicherheit gewinnen. Stuttgart, 2013.
Schnarch, D., Intimität und Verlangen. Sexuelle Leidenschaft in dauerhaften Beziehungen. Stuttgart, 2011.
Stahl, S., Jein! Bindungsängste erkennen und bewältigen. Hilfe für Betroffene und deren Partner. Hamburg, 2014.
Stahl, S., Leben kann auch einfach sein! So stärken Sie Ihr Selbstwertgefühl. Hamburg, 2014.
Stahl, S. & Alt, M., So bin ich eben! Erkenne dich selbst und andere. Hamburg, 2013.

Strauß, B., Kirchmann, H., Schwark, B. & Thomas, A., Bindung, Sexualität und Persönlichkeitsentwicklung. Zum Verständnis sexueller Störungen aus der Sicht interpersonaler Theorien. Jena, 2009.

Süfke, B., Männerseelen. Ein psychologischer Reiseführer. München, 2010.

Wetzler, S., Warum Männer mauern. Wie Sie Ihren passiv-aggressiven Mann besser verstehen und mit ihm glücklich werden. München, 2003.

So bin ich eben!
Meine persönliche Gebrauchsan-
weisung. Mit Persönlichkeitstest
Stefanie Stahl

288 Seiten, Klappenbroschur
978-3-8319-0673-4

Wie tickt der Mensch? Stellen Sie
sich vor, Sie könnten mit einem
Fahrstuhl in Ihr Unbewusstes hin-
abfahren und sich dort mal in aller
Ruhe in der „Schaltzentrale"
umgucken und jene Mechanismen
betrachten, die Ihr Handeln, Ihr
Denken und Fühlen, Ihre Wahrnehmung und Ihre Entscheidungen bestimmen. Ein Buch, das
man auch von hinten lesen kann –
der Test auf den letzten Seiten
verrät: So bin ich eben!

Was die Lektüre so vergnüglich
macht, ist die Gebrauchsanweisung
für die 16 Typen. Kleine Kniffe er-
zielen oft große Wirkung: [...] So
gesehen ist die Typenlehre ein
Energiesparmodell. (F.A.Z.)

Leben kann auch einfach sein!
So stärken Sie Ihr Selbstwertgefühl
Stefanie Stahl

240 Seiten, Klappenbroschur
978-3-8319-0443-3

„Selbstwertgefühl? Davon könnte
ich mehr gebrauchen!" Wem ist
dieser Gedanke nicht schon mal
durch den Kopf gegangen. Wir alle
haben sie zwar, die Stärken und
Schwächen, Fehler und Talente.
Die Frage lautet nur: Wie gehen wir
mit ihnen um?
Verabschieden Sie sich von der
Vorstellung, Unsicherheit sei
eine unabänderliche Eigenschaft.
Stefanie Stahl weist auf Ursachen
und Konsequenzen hin und verrät
eine Vielzahl erstaunlich einfacher
Strategien, wie man aus der eigenen Unsicherheit ausbrechen
kann.

Jein! Bindungsängste erkennen und bewältigen. Hilfe für Betroffene und deren Partner
Stefanie Stahl

272 Seiten, Klappenbroschur
978-3-8319-0290-3

In ihrem ersten Buch zum Thema Bindungsangst beleuchtet Stefanie Stahl das Thema von allen Seiten. Ein hilfreiches Buch für Betroffene und ihre Partner.

Eine lange glückliche Beziehung wünschen sich fast alle Menschen – aber bei sehr vielen klappt es einfach nicht. Manche verlieben sich anscheinend immer in die Falschen. Bei anderen zerbricht die Beziehung genau dann, wenn sie enger wird. Andere leben in einer Partnerschaft und fühlen sich trotzdem einsam und allein. Was läuft da schief?
„Hinter sehr vielen Beziehungsproblemen stecken letztlich Bindungsängste", weiß die Psychotherapeutin Stefanie Stahl. In lebendigen Fallbeispielen zeigt sie die vielen Gesichter der Bindungsangst. Sie erklärt die typischen Verhaltensmuster der Beziehungsängstlichen und stellt die „Jäger", „Prinzessinnen" und „Maurer" vor. Sie erläutert, warum Beziehungsangst eine echte Angst ist, erklärt mögliche Ursachen und zeigt auf, wie man diesen Zustand überwinden kann. Wer das Buch gelesen hat, weiß, wie er Menschen mit Beziehungsängsten erkennt und wie er mit ihnen umgehen kann.

Es gibt so viele Beziehungsratgeber, dass man meinen möchte, die Welt brauche keine neuen mehr. Aber ja, diesen braucht sie unbedingt.
Thalia Magazin

Impressum

Bibliografische Information der Deutschen Nationalbibliothek
Die Deutsche Nationalbibliothek verzeichnet diese Publikation in
der Deutschen Nationalbibliografie; detaillierte bibliografische
Daten sind im Internet über http://dnb.d-nb.de abrufbar.

ISBN 978-3-8319-0570-6

Text: Stefanie Stahl, Trier
Foto der Autorin: © Roswitha Kaster, Riol
Titelfoto: © Fotolia, deagreez
Lektorat: Carola Kleinschmidt, Hamburg
Gestaltung: BrücknerAping Büro für Gestaltung, Bremen
Illustrationen: BOB Design GmbH, Trier
Gesamtherstellung: CPI books GmbH, Leck

www.ellert-richter.de
www.facebook.com/EllertRichterVerlag